만화로 술술 읽으며 다시 배우는

중학 영문법

마스터편

더북에듀

이 책은
영어가 낯선 저의 시선과
영어 안경을 쓰신 교수님의 시선을
함께 담아 구성했습니다.

- 한국인이 특히 궁금해 하는 부분
- 좌절하기 쉬운 부분
- 애매한 상태로 그냥 지나쳤던 부분

이런 부분들을 특히 신경 써서 설명드릴 예정입니다.

만화 형식이라 술술 읽히고, 그림 덕분에 이해도 훨씬 쉬워요~!

입문편을 읽지 않았어도 괜찮아요!

이 책으로 중학 영문법, 이번에 제대로 마스터해봐요!

Contents

시작하며 3
등장인물 12

Part 1 will은 '미래'라기보다는 '의지'의 이미지 13

조동사 총정리 노트 35

 조동사

Part 2 '앞으로의 이야기'를 한다면 부정사가 등장할 차례! 40

부정사 총정리 노트 59

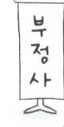 부정사

Part 3 움직임은 있지만 어디까지나 '명사' 64

동명사 총정리 노트 79

동명사

Part 4 '내일 날씨가 맑을 때'는 when이 아니라 if! 82

접속사 총정리 노트 97

접속사

JUHUN'S ROOM 영어 전달 방법의 규칙
'지난 정보'와 '새로운 정보' 99

Part 5 'as~as'의 두 as는 사실 똑같은 게 아니었다! 100

비교

비교 총정리 노트 125

Part 6 '현재분사'인데 과거의 문장? 130

분사

분사 총정리 노트 143

JUHUN'S ROOM 과거형으로 현재의 일을 나타낸다? 147

Part 7 영어와 우리말은 '감정'을 표현하는 방법이 다르다? 148

수동태

수동태 총정리 노트 161

Part 8 과거형과의 차이는 '이야기의 초점'! 164

현재완료

현재완료 총정리 노트 181

Part 9 중학 영문법의 보스 등장? **184**

관계대명사

└─ 관계대명사 총정리 노트　199

Part 10 '이거 귀엽지 않아?'를 영어로 하면? **204**

간접의문문 · 부가의문문

└─ 간접의문문·부가의문문 총정리 노트　220

JUHUN'S ROOM　학교에서 배운 영어는 실생활에 사용할 수 있을까?　**223**

에필로그　224
후기　231
참고문헌　234

등 장 인 물

정주헌 교수님

대학교 영어과 교수이자 영어 교육 전문가
어려운 문법도 쉽고 흥미롭게 풀어내는,
이야기로 영어를 가르치는 스토리텔러

김 지 영

36세인 만화 일러스트레이터
영어에 알레르기가 있는 영어 왕초보

Part 1

will은 '미래'라기보다는 '의지'의 이미지

[조 동 사]

| will | 이미지… 의지 |

행위 ~할 것이다, ~하겠다

I'll go to the dentist this Sunday.

나는 이번 주 일요일에 치과에 갈 거야.

판단 ~일 것이다, ~할 가능성이 있다

It will rain soon.

곧 비가 올 거예요.

will은 기본적으로 '의지'라는 이미지가 있어서 '~일 것이다' 같은 문장에서도 뭔가 일어날 가능성이 크다는 뉘앙스를 담고 있어요.

그렇구나~ 전엔 그냥 미래를 나타내는 표현 정도로만 생각했는데…

이렇게 강한 이미지가 있는 줄은 몰랐어요!

[조동사] 19

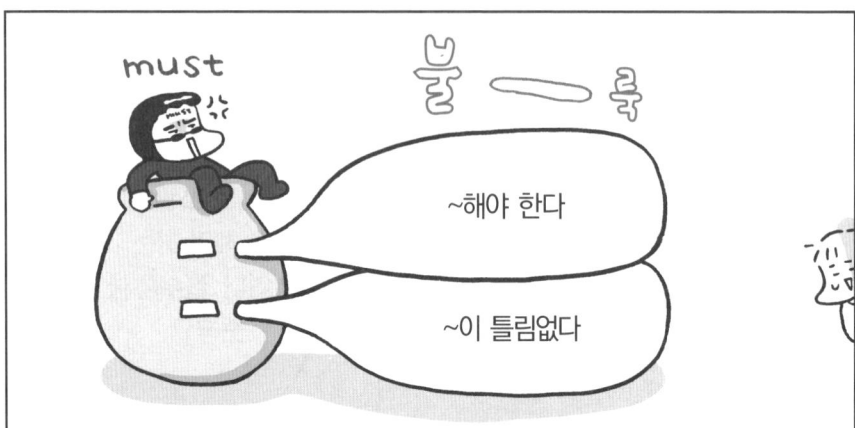

must 이미지… 압박감

행위 ~해야 한다

I must go now.

난 이제 가야 한다.

판단 ~이 틀림없다

She must be angry.

그녀는 화가 난 게 틀림없다.

must는 누군가에게 '꼭 해봐!' 하고 강하게 추천하거나 강조할 때도 써요.

You must listen to Taylor's new CD!
테일러의 새 앨범은 꼭 들어 봐야 해요! (정말 감동받을 거예요.)

← 테일러 스위프트의 왕팬 ♥

Shall 이미지… (신의) 의지, 운명

행위 ~할 것이다, ~해야 한다

We shall fight for the earth.

우리는 지구를 위해 싸울 것이다.

판단 반드시 ~일 것이다

One day, we shall die.

언젠가 우리는 반드시 죽게 될 거예요.

shall은 마치 '신의 의지'처럼, 외부에 의해 정해진 일이라는 느낌으로 쓰이곤 했어요. 이 뜻이 점차 '의무'나 '필연'으로 확장된 거죠.

하지만 요즘 일상 회화에서는 거의 쓰이지 않아요.

✧ Shall I ~?, Shall we ~? 같은 아주 제한적인 상황에서만 쓰여요.

can 이미지… 가능성

행위 ~할 수 있다(능력·가능성·허락)

He can speak English.
그는 영어를 말할 수 있다.

We can climb Hallasan today.
우리는 오늘 한라산에 올라갈 수 있다.

You can go home now.
이제 집에 가도 돼요.

판단 ~할 수도 있다(추측)

She can be late.
그녀가 늦을 수도 있다.

Should 이미지… 당연함

행위 ~해야 한다, ~하는 게 좋겠다

You should change your clothes.

너는 옷을 갈아입는 게 좋겠어.

판단 (아마도) ~할 것이다

She should be back by six.

그녀는 6시까지 돌아올 것 같아요.

참고로

영어에서 should는 흔히 '~해야 한다'고 해석되지만, 우리말처럼 강한 의무나 명령의 느낌은 아니에요.

오히려 조언, 추측, 예상의 의미로 더 자주 쓰여요.

※ 예외적으로, would와 could는 문맥에 따라 will과 can의 실제 과거 의미를 나타내는 경우도 있다.

I must work overtime.
나는 초과 근무를 해야 한다.
(→ 내가 판단해서 '해야겠다'고 느낀 경우)

I have to work overtime.
나는 초과 근무를 해야 한다.
(→ 상사나 상황 등 외부 요인 때문에 어쩔 수 없이 해야 하는 경우)

조동사 총정리 노트

조동사

동사와 함께 쓰여서 문장에 말하는 사람의 감정이나 판단을 덧붙이는 역할을 한다. 조동사의 의미는 크게 '행위'와 '판단'으로 나뉜다.

will······'의지' 이미지

행위 ~할 것이다, ~하겠다

I'll go to the sale at the shopping mall this Saturday.
나는 이번 주 토요일에 쇼핑몰 세일에 갈 거야.

I'll have this Italian salad, please. 저는 이 이탈리안 샐러드로 할게요.
TIPS I will은 화자의 의지를 굳게 드러내고자 할 때 쓰이며, 그 외 일반적인 구어에서는 주로 축약형인 I'll이 쓰인다.

I won't buy a new smartphone for a while.
나는 당분간 새 스마트폰을 사지 않을 거야.

Jane won't listen to her father.
제인은 아버지 말을 듣지 않을 거예요.
TIPS won't는 will not의 축약형이며, 일반적인 문장에서는 대부분 이 형태로 쓰인다.

Will you marry me? 저와 결혼해 주시겠어요?

Will you pass me the soy sauce? 간장 좀 건네 주시겠어요?
TIPS Will you ~?는 '~해 주시겠어요?'의 의미로, 상대방에게 정중하게 부탁하거나 요청할 때 쓰인다.

판단 ~일 것이다, ~할 가능성이 있다

TIPS 이 표현은 미래에 일어날 가능성이 크거나, 현재 상황에 대한 확신 있는 판단을 나타낼 때 쓰인다.
It will be hot and humid next week. 다음 주는 덥고 습할 거예요.
He will probably be there by noon. 그는 아마 정오까지는 그곳에 있을 거예요.

You won't have to do it again. 당신은 그것을 다시 할 필요가 없을 거예요.
Maybe he won't attend the party. 그는 아마 파티에 참석하지 않을 거예요.

Will Tom be free after school? 톰은 방과 후에 시간이 있을까요?
Will there be a rock concert next month? 다음 달에 록 콘서트가 있을까요?

may······'반반', '상하 관계' 이미지

행위 ~해도 된다(허가)

You may take these books if you like.
원하신다면 이 책들을 가져가셔도 됩니다. (정중하게 허가를 나타내는 표현)

You may go to bed after you brush your teeth.
양치하고 나면 잠자리에 들어도 좋다.

You may not drink alcohol in this building.
이 건물에서는 술을 마시면 안 됩니다. (금지 표현/must not보다 부드럽지만 공식적인 어조)

You may not use Korean in this class.
이 수업에서는 한국어를 사용하면 안 됩니다.

TIPS may not은 허가를 거절하는 표현으로, '~하면 안 된다'라는 뜻이다.

May I come in? 들어가도 될까요?
May I have your name? 성함을 여쭤봐도 될까요?

TIPS May I / we로 시작하는 의문문은 요청하거나 허가를 구할 때 쓰는 공손한 표현이다.

판단 ~할지도 모른다(가능성)

It may snow tonight. 오늘 밤에 눈이 올지도 몰라요.
The bus may be delayed. 버스가 지연될 수도 있어요.

My mother may not be busy this weekend.
어머니는 이번 주말에 바쁘지 않을지도 몰라요.

The story may not be true. 그 이야기가 사실이 아닐 수도 있어요.

TIPS may not은 '~하지 않을지도 모른다', '~이 아닐 수도 있다'는 부정적인 가능성을 나타낸다.

must······'압박감' 이미지

행위 ~해야 한다(강한 의무, 외부 압력)

I must clean my room. 나는 내 방을 청소해야 한다.
You must be home by 10 o'clock. 당신은 10시까지 반드시 집에 있어야 해요.
You must not leave your bike in front of the shop.
가게 앞에 자전거를 두고 가면 안 됩니다.

We **must not** drink and drive. 우리는 음주운전을 해서는 안 됩니다.

> **TIPS** must not은 '~하면 안 된다', '~하지 말아야 한다'의 뜻으로, 강한 금지를 나타낸다. 주로 공식적인 규칙이나 사회적인 금기를 강조할 때 쓰인다.

'행위'를 나타내는 must의 의문문은 매우 제한된 상황에서만 쓰인다. 특히, 강요나 규칙에 대한 불만을 표현할 때 쓰이는 경우가 많다.

Must I answer all the questions?
제가 모든 질문에 꼭 대답해야 하나요? (의무에 대한 부담이나 불만이 담긴 말투)

[판단] ~이 틀림없다

Sam **must** be over 70 years old. 샘은 70세가 넘었음에 틀림없다.
There **must** be some mistake. 무슨 실수가 있는 게 틀림없다.

'판단'을 나타내는 must는 부정문에는 쓸 수 없다. 그 대신에 cannot[can't]을 쓴다.

[긍정] He **must** be tired. (= It is certain that he is tired.)
그는 틀림없이 피곤할 것이다. (그는 확실히 피곤한 상태일 것이다.)

[부정] He **can't** be tired. (= It is not possible that he is tired.)
그가 피곤할 리가 없다. (그가 피곤하지 않을 가능성이 높다.)

shall······'(신의) 의지', '운명' 이미지

[행위] ~할 것이다, ~해야 한다(의지, 명령, 결의)

We **shall** return. 우리는 돌아올 것이다.
You **shall** obey my orders. 너는 내 명령을 반드시 따라야 한다.

You **shall not** kill. 살인해서는 안 된다.
If anyone thinks these two **shall not** wed, speak now or forever hold your peace.
이 두 사람이 결혼해서는 안 된다고 생각하시는 분이 계시다면, 지금 말씀해 주세요. 그렇지 않으면 앞으로는 영원히 침묵해 주시기 바랍니다.

Shall I go with you? 제가 당신과 같이 갈까요?
Shall we meet at 3 o'clock? 우리 3시 정각에 만날까요?

> **TIPS** Shall I / we로 시작하는 의문문은 '~할까요?'라는 뜻으로, 제안을 하거나 상대의 의견을 물을 때 쓰는 표현이다.

판단 반드시 ~일 것이다(강한 확신, 운명적 결말)
He shall keep his word. 그는 반드시 약속을 지킬 것이다.
We shall be punished if we are caught. 우리는 잡히면 반드시 벌을 받을 것이다.
> **TIPS** shall은 판단을 나타낼 때, 확신에 찬 예언이나 피할 수 없는 운명, 자연 법칙, 신의 뜻 같은 무거운 결말을 나타낼 때 쓰인다. 주로 문어체나 종교적·법률적 문장에서 쓰이며, 일상 회화에서는 거의 쓰이지 않지만 의미는 매우 강력하다.

조동사의 과거형

조동사가 과거형이 되면, 현재형의 의미가 약화되면서 정중하고 부드러운 뉘앙스로 바뀐다. 하지만 일반동사처럼 과거 시점을 직접 나타내는 것은 아니므로 주의가 필요하다. (단, could, would는 실제 과거의 의미로도 쓰일 수 있다.)

can → could   will → would
may → might   shall → should

> **TIPS** must는 현재형으로만 쓰이므로, 과거 시점의 의무를 표현할 때는 항상 had to로 대신한다.

【정중한 could】
Could you introduce yourself?
자기소개 좀 해주시겠어요? (※ Can you ~?보다 더 공손한 표현)
Could I leave early today? 오늘 조퇴해도 될까요?

【과거의 could】
I could do double-unders when I was a kid.
어렸을 때 나는 줄넘기로 2단 뛰기를 할 수 있었다.
I studied hard, but I couldn't pass the test.
나는 열심히 공부했지만 시험에 합격하지 못했다.

【정중한 would】
Would you like some more bread? 빵 좀 더 드시겠어요?
I would love to go bowling with you. 당신과 함께 볼링 치러 가고 싶어요.

【과거의 would】
In high school, I would often fall asleep during class.
나는 고등학교 때 수업 시간에 자주 졸곤 했다.

Even though we asked John politely, he wouldn't tell a story.
우리가 아무리 정중하게 물어도, 존은 끝내 이야기를 해주지 않았다.

【정중한 might】

I might be a little late today. 오늘은 조금 늦을 것 같아요.

It might rain soon. 곧 비가 올지도 몰라요.

TIPS might는 may보다 가능성이 조금 낮은 약한 추측을 나타낸다. 확실하지 않지만 그럴 가능성이 있을 때 조심스럽게 말하는 표현이다.

He might not come to the party. 그가 파티에 오지 않을 수도 있다.

TIPS might not은 '~하지 않을지도 모른다'라는 뜻으로, 불확실한 부정의 가능성을 조심스럽게 표현할 때 쓰인다. 이는 may not보다 가능성이 낮고, 더 신중한 어조를 가진다.

Might I use your bathroom? 화장실을 좀 써도 될까요?

TIPS Might I / we로 시작하는 의문문은 매우 격식을 차린 표현으로, 현대 회화에서는 거의 쓰이지 않으며 문어체나 아주 공손한 상황에서만 나타난다.

【should······'당연함' 이미지】

행위 ~해야 한다, ~하는 게 좋겠다

You should give up your seat to the elderly.
노약자에게 자리를 양보해야 합니다.

You should be more careful about what you say.
말할 때 좀 더 조심해야 해요.

판단 (아마도) ~할 것이다

The package should be here soon. 소포가 곧 여기에 도착할 거예요.

Coffee should be ready in a minute. 커피는 곧 준비될 거예요.

Part 2

'앞으로의 이야기'를 한다면
부정사가 등장할 차례!

[부정사]

주어(S)로 쓰인 예문

To learn a foreign language is fun.
　　S　　　　　　　　　　　V　C

외국어를 배우는 것은 즐겁다.

목적어(O)로 쓰인 예문

I want to play basketball.
S　V　　　　　O

나는 농구를 하고 싶다.

보어(C)로 쓰인 예문

My dream is to become a singer.
　　S　　　V　　　　　　C

내 꿈은 가수가 되는 것이다.

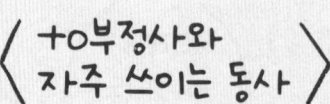

hope 희망하다

wish 바라다

promise 약속하다

want 원하다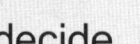

decide 결정하다

이런 동사 다음에는 to부정사가 이어지는 경우가 많아요.

I <u>promised</u> to give up smoking.

나는 담배를 끊겠다고 약속했다.

I <u>decided</u> to lose weight.

나는 살을 빼겠다고 결심했다.

이 외에도 to부정사로 자주 쓰이는 표현들이 있어요.

자주 쓰이는 표현이라서, 마치 관용구처럼 외워 두면 좋아요.

더 자세한 내용은 62쪽 예문을 참고해 보세요.

⟨ to부정사의 관용적 표현 ⟩

- It is ... (for 사람) to+동사원형 ~.
  (사람에게) ~하는 것은 …하다(이다)

- want 사람 to+동사원형
  사람이 ~하기를 바라다

- how to+동사원형
  어떻게 ~(해야) 할지, ~하는 방법

- what to+동사원형
  무엇을 ~(해야) 할지

- too+형용사/부사+to+동사원형
  너무 ~해서 …할 수 없다

- enough to+동사원형
  ~하기에 충분히(…하다)

대충 형태만 알아 둬도 되려나 …?

[부정사] 57

부정사 총정리 노트

to부정사

- to부정사는 동사원형 앞에 to를 붙여 명사, 형용사, 부사처럼 다양한 품사로 활용할 수 있는 형태이다. 이 형태는 고정된 품사로 쓰이는 것이 아니라 문맥에 따라 명사, 형용사, 부사 자리에서 다양하게 쓰인다.
- to부정사는 동사의 성질을 일부 지니고 있어 목적어나 부사의 수식을 받을 수 있다.

❶ to부정사의 명사적 용법

- to부정사는 명사처럼 쓰일 수 있으며, 다른 명사들과 마찬가지로 문장에서 주어, 목적어, 보어 자리에 올 수 있다. 이때 보통 '~하는 것', '~하기'라고 해석한다.
- to부정사가 문장의 주어 자리에 올 경우, 가주어 It을 앞에 두고 to부정사를 문장 뒤로 옮기는 형태가 더 자연스럽고 자주 쓰인다.

  To learn a foreign language is important. 외국어를 배우는 것은 중요하다.
  To become a pilot is my future goal. 파일럿이 되는 것이 내 장래 목표이다.
  It is difficult to tell her the truth. = To tell her the truth is difficult.
  그녀에게 진실을 말하는 것은 어렵다.
  It is dangerous to drive in the rain. 비 오는 날 운전하는 것은 위험하다.

  > **TIPS** to부정사가 문장의 주어 자리에 올 경우, 부사적 용법의 목적 표현과 혼동될 수 있으며, to부정사의 길이가 지나치게 길어지면 문장의 균형이 깨질 수 있다. 이러한 이유로 실제 영어에서는 「It is + 형용사 / 명사 + to + 동사원형~.」 형태가 더 자주 쓰이며, 이를 '가주어 It-진주어 to부정사 용법'이라고 한다.

- to부정사는 미래 지향적인 의미를 지니기 때문에, 앞으로 하게 될 일을 나타내는 동사의 목적어로 자주 쓰인다.

  He decided to take a break. 그는 잠시 쉬기로 결정했다.
  They expect to win the game. 그들은 경기에서 이기기를 기대한다.
  I want to change the date. 나는 날짜를 변경하기를 원한다.
  I'd like to buy a bicycle for my daughter.
  저는 딸을 위해 자전거를 구입하고 싶습니다.

want	원하다	expect	기대하다	decide	결정하다
agree	동의하다	plan	계획하다	promise	약속하다
hope	희망하다	choose	선택하다	wish	희망하다
fail	실패하다	like/love	(아주) 좋아하다	need	필요하다

- to부정사는 문장에서 보어로 쓰여, 주어나 목적어가 어떤 존재이거나 어떤 상태에 있는지를 설명하는 역할을 한다. 주어를 설명할 때는 주격 보어로, 목적어를 설명할 때는 목적격 보어로 쓰인다.

My plan is to study 5 hours a day. 내 계획은 하루에 5시간 공부하는 것이다.
TIPS to부정사구(to study 5 hours a day)가 주어의 구체적인 내용을 설명해 주는 주격 보어 역할을 한다.

Our job is to help people in need. 우리의 일은 도움이 필요한 사람들을 돕는 것이다.
TIPS 이 문장에서 주어와 주격 보어는 의미상 동격 관계를 이룬다. 즉, Our job=help people in need의 관계로 해석한다.

I want you to be happy. 나는 네가 행복하기를 바란다.
TIPS 목적어 you 뒤에 to부정사구(to be happy)가 목적격 보어로 쓰였다. '~가 …하기를 원하다'로 해석한다.

We expect them to arrive soon. 우리는 그들이 곧 도착할 것으로 기대한다.
TIPS 목적어 them 뒤에 to부정사구(to arrive soon)가 목적격 보어로 쓰였다. '우리는 ~하기를 기대하다'로 해석한다.

The doctor encourages me to exercise regularly.
의사는 내게 규칙적으로 운동하라고 권유한다.
TIPS 이 문장에서 to exercise regularly의 주어는 me이며, '~가 …하도록 권유하다 / 격려하다'라고 해석한다.

2 to부정사의 형용사적 용법

- to부정사는 형용사처럼 앞의 명사를 수식할 수 있으며, 항상 수식하는 명사 뒤에 위치한다. 다른 형용사들과는 달리, 명사 앞에 오지 않는다는 점이 특징이다.
- 보통 '~하는', '~할'이라고 해석한다.

I have a lot of homework to do today.
나는 오늘 해야 할 숙제가 많이 있다.

There are many tourist attractions to go to in Korea.
한국에는 갈 만한 관광지가 많이 있다.

- to부정사가 명사를 수식할 때, 그 명사가 to부정사 뒤에 오는 전치사의 목적어일 경우, 「to부정사+전치사」 구조가 자연스럽게 쓰인다. 이때 수식받는 명사는 동사와 전치사 사이에서 의미상 목적어 역할을 한다.

I have no chairs to sit on. (← sit on a chair)
내가 앉을 의자가 없다.

Alice needs a pen to write with. (← write with a pen)
앨리스는 글을 쓸 펜이 필요하다.

He has no one to talk to. (← talk to one)
그는 이야기할 사람이 아무도 없다.

TIPS to부정사는 -thing, -one, -body 등으로 끝나는 대명사를 자주 수식한다.
I have something to say. 나는 말할 무언가가 있다.
She found nobody to rely on. 그녀는 의지할 사람이 아무도 없었다.
Do you find anything to eat? 너는 먹을 만한 무언가를 찾았니?

3 to부정사의 부사적 용법

- to부정사는 부사처럼 문장의 다른 성분을 수식할 수 있으며, 주로 동사, 형용사, 부사, 또는 문장 전체를 수식한다.
- 동사를 수식할 경우, 보통 목적(~하기 위해서) 또는 결과(그래서 ~하다)의 의미를 나타낸다.

Tom ran to catch the last bus. 톰은 마지막 버스를 잡기 위해 뛰었다.
TIPS to부정사구가 동사 ran을 수식하며, 행동의 목적을 나타낸다.

I'm calling to confirm your trip to London next week.
당신의 다음 주 런던 여행을 확인하려고 전화드렸습니다.
TIPS to부정사구가 동사구(calling to)를 뒤에서 수식한다. 「call + to부정사」는 '~하려고 전화하다'라는 뜻이다.

The star moved too fast to see. 그 별은 너무 빨리 움직여서 볼 수 없었다.
TIPS to부정사가 부사 fast를 수식한다. 여기서 「too + 형용사/부사 + to부정사」는 '너무 ~해서 …할 수 없다'라는 뜻이다.

I'm glad to be with you. 나는 너와 함께 있어서 기뻐.
TIPS to부정사구가 형용사 glad를 수식하며, 감정의 이유를 설명한다.

TIPS 주요 감정 형용사+to부정사

be glad to do	~해서 기쁘다	be sorry to do	~해서 미안하다
be happy to do	~해서 행복하다	be sad to do	~해서 슬프다
be pleased to do	~해서 즐겁다	be surprised to do	~해서 놀라다
be excited to do	~해서 신이 나다	be disappointed to do	~해서 실망하다

To be honest, I like horror movies. 나는 공포 영화를 좋아한다.
TIPS to부정사구가 문장 전체 내용을 수식한다. to be honest는 '솔직히 말해서'라는 뜻이다.

To make matters worse, it started to rain. 설상가상으로 비까지 내리기 시작했다.

TIPS 문장 전체를 수식하는 to부정사 관용 표현

to tell the truth	사실대로 말하자면	to be honest	솔직히 말해서
so to speak	말하자면, 이를 테면	to make matters worse	설상가상으로
to be sure	틀림없이	not to mention	말할 것도 없이
to begin with	우선, 첫째로	needless to say	말할 필요도 없이
to conclude	마지막으로, 결론을 말하면	strange to say	이상한 이야기지만, 이상하게도

to부정사의 관용적 표현

- It is … (for + 사람) to + 동사원형 ~. : (사람에게) ~하는 것은 …하다(이다)

  It is dangerous for children to go out alone late at night.
  아이들이 밤늦게 혼자 외출하는 것은 위험하다.

- want + 사람 + to + 동사원형 : 사람이 ~하기를 바라다

  She wants her 3-year-old son to drink milk.
  그녀는 세 살배기 아들이 우유를 마시길 원한다.

- how to + 동사원형 : 어떻게 ~(해야) 할지, ~하는 방법

  Only Bob knows how to use this application.
  오직 밥만이 이 앱을 어떻게 사용하는지 알고 있다.

- what to + 동사원형 : 무엇을 ~(해야) 할지

  I don't know what to say. 무슨 말을 해야 할지 모르겠어요.

- enough to + 동사원형 : ~하기에 충분히(…하다)

  He is tall enough to ride this rollercoaster.
  그는 이 롤러코스터를 탈 만큼 키가 충분히 크다.

- too + 형용사/부사 + to + 동사원형 : 너무 ~해서 …할 수 없다

  The obstacles are too great to overcome.
  장애물이 너무 커서 극복하기 어렵다.

- seem to + 동사원형 : ~하는 것 같다

  They seem to know the answer. 그들은 정답을 아는 것 같다.

Part 3

움직임은 있지만 어디까지나 '명사'

[동명사]

동명사	동사원형 + -ing
	~하는 것, ~하기

주어(S)로 쓰인 예문

Drinking coffee is refreshing.
　　S　　　　　V　　　C

커피를 마시는 것은 기분 전환이 된다.

목적어(O)로 쓰인 예문

I like traveling abroad.
S V　　　O

나는 해외여행을 하는 것을 좋아한다.

보어(C)로 쓰인 예문

My hobby is making model planes.
　　S　　　V　　　　　C

내 취미는 모형 비행기를 만드는 것이다.

덧붙여서

동명사가 주어로 쓰일 때는 3인칭 단수 취급을 해요.

영어에서는 '커피를 마시는 것' 같은 행위를 하나의 개념으로 보기 때문에, 보통 불가산 명사처럼 다뤄요.

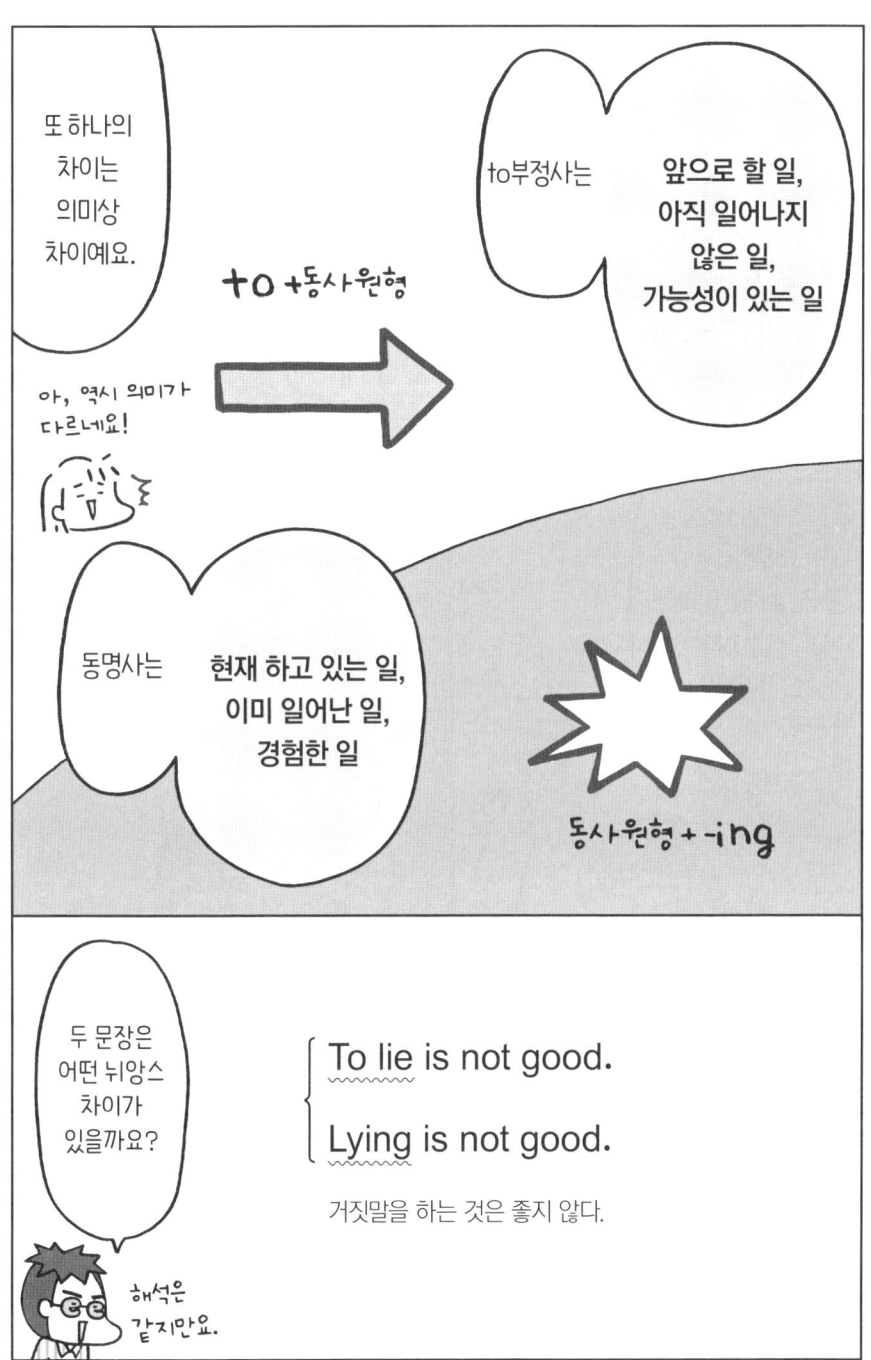

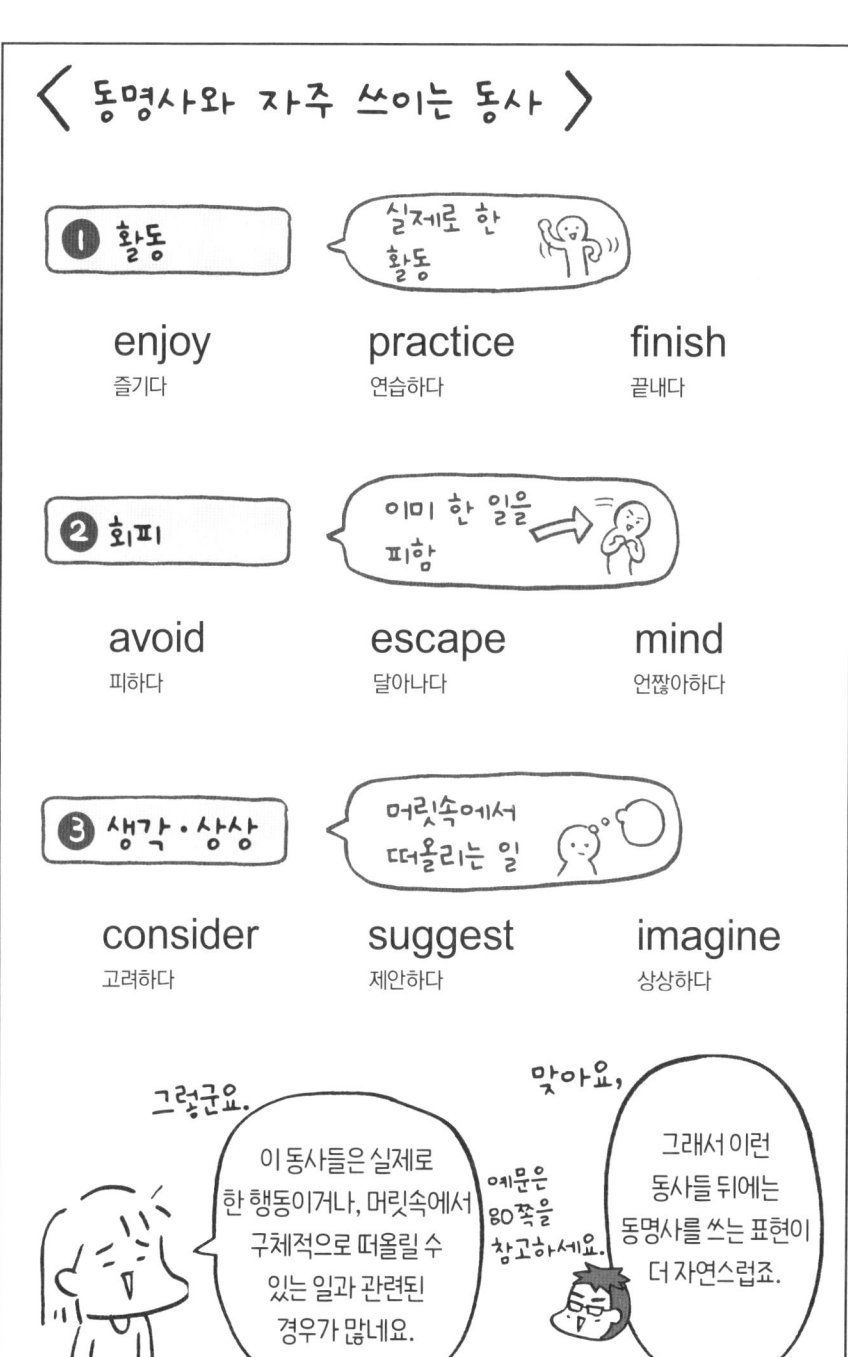

⟨ +to부정사와 동명사 모두에 자주 쓰이는 동사 ⟩

 **❶ 기억**

remember
기억하다, 기억나다

forget
잊다

regret
후회하다,
유감으로 생각하다

❷ 호불호

like
좋아하다

hate
싫어하다

❸ 시작

start
시작하다

begin
시작하다

She forgot to call him.
그녀는 그에게 전화하려던 것을 잊었다.
(→ 앞으로 해야 할 행동인 '전화하려는 것'을 잊은 상황)

She forgot calling him.
그녀는 그에게 전화한 것을 잊었다.
(→ 이미 전화를 한 후 그 행동을 잊은 상황)

동명사 총정리 노트

동명사

동명사는 동사원형에 -ing를 붙여 만든 명사 형태로, 보통 '~하는 것', '~하기'로 해석한다.

Walking is good for your health. 걷는 것은 건강에 좋다.
Getting up early is hard. 일찍 일어나는 것은 힘들다.

동명사는 명사와 마찬가지로 문장에서 주어, 목적어, 보어 등 명사 역할을 한다.
동명사가 주어로 쓰일 경우, 일반적으로 3인칭 단수로 취급되어 동사와 수일치된다.

Watching movies is my hobby. 영화를 보는 것은 내 취미이다.
Cooking takes time. 요리는 시간이 걸린다.
I enjoy reading before bed. 나는 자기 전에 독서하는 것을 즐긴다.
We finished doing our homework. 우리는 숙제하는 것을 마쳤다.
Her job is teaching children. 그녀의 일은 아이들을 가르치는 것이다.
One of my goals is learning a new language.
내 목표 중 하나는 새로운 언어를 배우는 것이다.
He's good at drawing. 그는 그림 그리기에 능숙하다.

TIPS 일반적으로 전치사 뒤에는 동명사 형태의 동사가 온다. 이때 이 동명사는 '전치사의 목적어' 역할을 한다.

동명사와 to부정사의 의미 차이

우리말로는 모두 '~하는 것'으로 해석되지만, 영어에서는 각각 담고 있는 뉘앙스가 분명히 다르다.

동명사	to부정사
현실적, 구체적인 활동, 과거 경험 강조 → 실제로 한 일, 과거에 일어난 일	미래적, 의도나 계획, 추상적 개념 강조 → 아직 하지 않은 일, 앞으로 할 일
I forgot locking the door. 나는 문을 잠갔던 것을 잊어버렸다.	I forgot to lock the door. 나는 문을 잠그는 것을 잊어버렸다.

동명사와 자주 쓰이는 동사

동명사는 '현재 하고 있는 일', '완료된 행동', '경험한 행동' 같은 구체적인 활동을 나타내는 성질을 가지고 있다. 따라서 실제로 몸으로 한 행동이나 머릿속에서 구체적으로 떠올릴 수 있는 활동과 관련된 동사들과 함께 자주 쓰인다.

❶ 활동… 실제로 한 행동 관련 동사

enjoy(즐기다), practice(연습하다), finish(끝내다) 등

I enjoy teaching Japanese. 나는 일본어 가르치는 것을 즐긴다.
She finished cleaning her room. 그녀는 방 청소를 마쳤다.

❷ 회피… 이미 한 행동을 피하거나 꺼리는 동사

avoid(피하다), escape(달아나다), mind(언짢아하다) 등

He avoided talking about the problem.
그는 그 문제에 대해 이야기하는 것을 피했다.
Would you mind closing the window? 창문 좀 닫아주시겠어요?

❸ 생각·상상… 생각하거나 상상하는 동사

consider(고려하다), suggest(제안하다), imagine(상상하다) 등

They considered moving to another city.
그들은 다른 도시로 이사하는 것을 고려했다.
Can you imagine living without the Internet?
인터넷 없이 사는 것을 상상할 수 있나요?

동명사와 to부정사 둘 다 쓸 수 있는 동사

to부정사와 동명사가 모두 쓰이는 동사들이 있다. 이 경우, 일반적으로 to부정사는 '앞으로 할 일(미래의 일)'을, 동명사는 '이미 한 일'이나 '실제로 한 행동'을 나타낸다. 단, 아래 ❷와 ❸에 해당하는 동사들의 경우에는 to부정사와 동명사 중 어느 쪽을 사용해도 의미 차이가 거의 없다.

❶ 기억… remember(기억하다, 기억나다), forget(잊다), regret(후회하다, 유감스럽게 생각하다) 등

She didn't remember meeting me at the party.
그녀는 파티에서 나를 만났던 것을 기억하지 못했다.
I remembered to meet Paul. 나는 폴을 만나야 한다는 것을 기억했다.

2 호불호… like(좋아하다), hate(싫어하다)

Do you like working here? 너는 여기서 일하는 것을 좋아하니?
Do you like to work here? 너는 여기서 일하는 것을 좋아하니?

I hate washing the dishes. 나는 설거지하는 것을 싫어한다.
I hate to wash the dishes. 나는 설거지하는 것을 싫어한다.

3 시작… start(시작하다), begin(시작하다)

He started driving when he turned 18. 그는 18살이 되었을 때 운전을 시작했다.
He started to drive when he turned 18. 그는 18살이 되었을 때 운전을 시작했다.

동명사의 관용적 표현

- go + 동사원형-ing : ~하러 가다
  We went shopping at the mall last weekend.
  지난 주말에 우리는 쇼핑몰에 쇼핑하러 갔다.

- be worth + 동사원형-ing : ~할 가치가 있다, ~할 만하다
  The book is worth reading despite its length.
  그 책은 길이에도 불구하고 읽을 만하다.

- feel like + 동사원형-ing : ~하고 싶다, ~한 느낌이다
  Do you feel like going out tonight? 오늘 밤 외출하고 싶은 기분이니?

- look forward to + 동사원형-ing : ~하는 것을 기대하다
  I'm looking forward to meeting you tomorrow.
  나는 내일 너를 만나는 것을 기대하고 있다.

- be busy (in) + 동사원형-ing : ~하느라 바쁘다
  They were busy setting up the event. 그들은 행사 준비하느라 바빴다.

- be good at + 동사원형-ing : ~을 잘하다, ~하는 것에 익숙하다
  She is really good at playing the guitar.
  그녀는 기타 연주를 정말 잘한다.

- spend + 시간/돈 (on/in) + 동사원형-ing : ~하는 데 시간/돈을 쓰다
  I spent a lot of money buying concert tickets.
  나는 콘서트 티켓을 사는 데 많은 돈을 썼다.

Part 4

'내일 날씨가 맑을 때'는 when이 아니라 if!

[접 속 사]

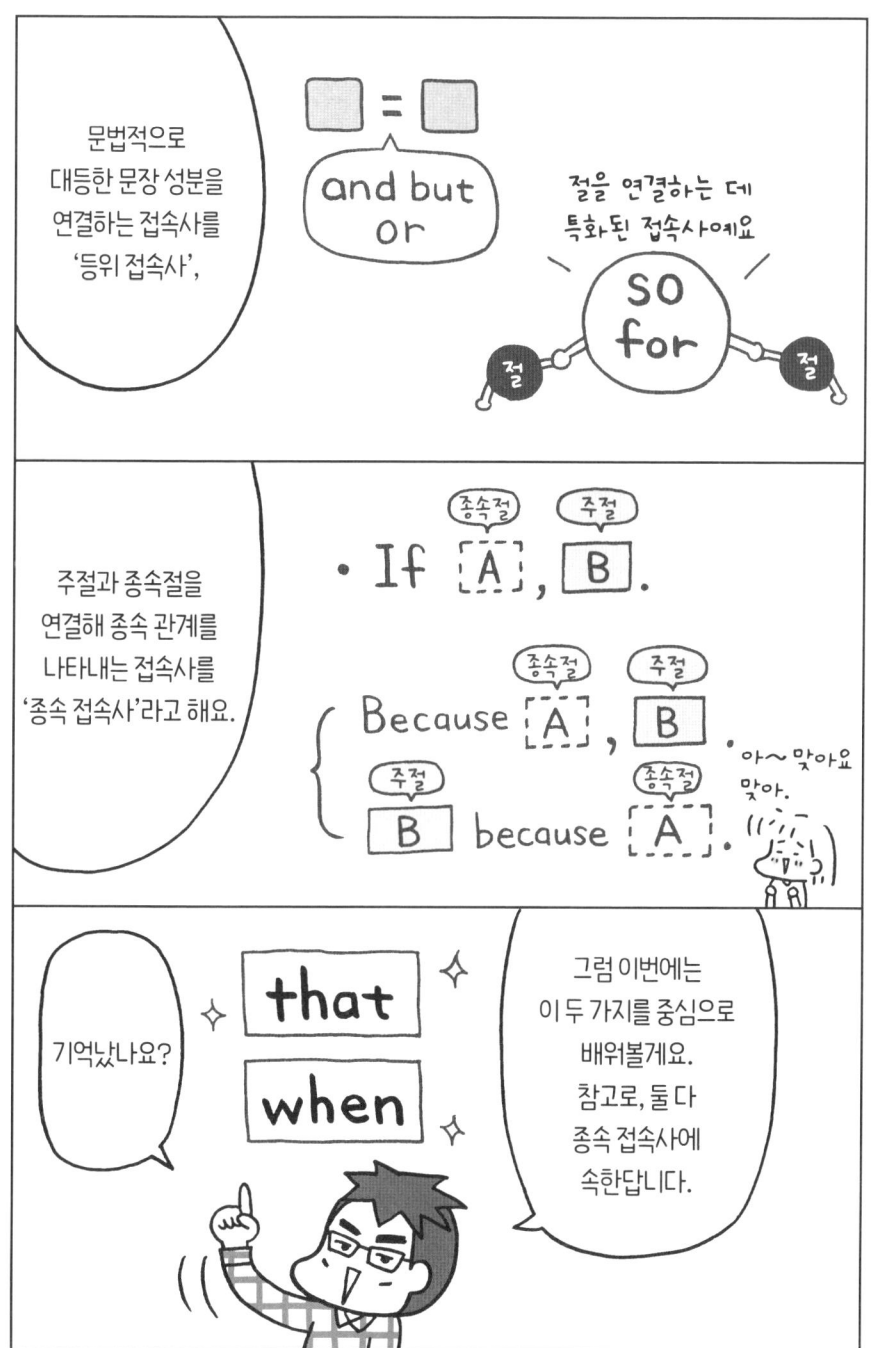

① when이 문장 앞에 올 때

When I eat crab, I always get sick.

> 콤마(,)로 구분한 뒤 주절을 연결한다

② when이 문장 중간에 올 때

I always get sick when I eat crab.

> 콤마 없이 주절과 바로 연결한다

나는 게를 먹을 때마다 항상 아프다.

아하! 종속 접속사 뒤에는 항상 종속절이 오는 거였군요!

맞아요, 맞아.

참, 교수님 사실 예전부터 궁금한 게 있었어요….

Part 4 '내일 날씨가 맑을 때'는 when이 아니라 if!

이 두 표현에는 이런 차이가 있어요.
if
'만약 ~ 한다면(라면)'이라는 전제나 조건을 나타냄
when
어떤 일이 실제로 일어나는 정해진 시간을 나타냄(시간의 한 시점)
우리말 표현을 그대로 옮기기보다, 문장의 의미를 먼저 생각해 보는 게 더 중요해요.
그래서
이렇게 써야 맞는 거예요.
If it is sunny tomorrow, we will go to the zoo.
내일 날씨가 맑을 때 우리는 동물원에 갈 것이다.
ZOO
어라?
If it will be sunny tomorrow~.
날씨가 맑을 거라는 말이면 내일 일인데, 미래 얘기잖아요.
여기에
?
그럼 will을 써야 하는 거 아닌가요?

접속사 총정리 노트

접속사 that

that은 절(문장)을 연결해 명사절을 이끄는 명사절 접속사이다. 명사절은 문장에서 주어, 목적어, 보어 역할을 하며, 이때 그 절을 이끄는 접속사가 바로 that이다.
that 뒤에는 주절의 내용을 보충하거나 설명하는 절이 오며, 문장의 의미를 완성해 준다.
that 자체에는 특별한 뜻이 없지만, 우리말로는 보통 '~라고', '~라는 것' 등으로 해석한다.

That she won the prize surprised everyone. (→ 주어)
그녀가 상을 탔다는 것이 모두를 놀라게 했다.
That the earth revolves around the sun is a fact. (→ 주어)
지구가 태양 주위를 돈다는 것은 사실이다.
We know that the exam is next week. (→ 목적어)
우리는 시험이 다음 주라는 것을 알고 있다.
I believe that he will pass the exam. (→ 목적어)
나는 그가 시험에 합격할 것이라고 믿는다.
They hope that the weather will be nice. (→ 목적어)
그들은 날씨가 좋기를 바란다.
The fact is that nobody knows the answer. (→ 보어)
사실은 아무도 그 정답을 모른다는 것이다.
My concern is that she might get hurt. (→ 보어)
내가 걱정하는 건 그녀가 다칠지도 모른다는 것이다.

회화나 일상적인 글에서는 that절이 목적어일 경우 종종 생략된다. 하지만 that절이 문장의 주어 역할을 할 때는 생략하지 않는다.

He said (that) he would be late. 그는 늦을 거라고 말했다.
Do you know (that) Elly has retired? 너는 앨리가 은퇴했다는 것을 알고 있니?

접속사 when과 if

부사절은 문장에서 다른 절의 부사 역할을 하는 종속절이다.
주어와 동사를 갖춘 완전한 절(=주절)에 연결되어 시간, 조건, 이유 등 문장의 의미를 보완한다.
부사절 접속사는 시간, 이유, 조건, 양보, 대조 등을 나타내며, 대표적인 예로는 when(~할 때),

because(~이기 때문에), if(만약 ~한다면/라면), although(~에도 불구하고) 등이 있다.

When I was a child, I loved to play outside.
내가 어렸을 때, 나는 밖에서 노는 것을 좋아했다.

When the movie started, everyone got quiet.
영화가 시작되었을 때 모두 조용해졌다.

We screamed when we saw the spider. 우리는 거미를 보고 비명을 질렀다.

He was driving home when he heard the news.
그는 집으로 운전해 가고 있던 중에 그 소식을 들었다.

If I have time, I'll help you. 만약 내가 시간이 있으면 너를 도와줄게..

If we leave now, we can catch the bus. 지금 출발하면 우리는 버스를 탈 수 있다.

He won't mind if you ask politely.
네가 공손하게 부탁한다면 그는 신경 쓰지 않을 것이다.

My parents will be surprised if you show up.
만약 네가 나타난다면 우리 부모님은 놀라실 것이다.

접속사 when과 if의 차이

접속사 when과 if는 둘 다 부사절 접속사이지만, 의미와 쓰임에서 중요한 차이가 있다.

	when	if
뜻	~할 때(시간)	만약 ~한다면/라면(조건)
쓰임	실제로 일어나는 시간이나 시점을 말할 때	일어날지 모르는 조건을 말할 때
확실성	일어날 가능성이 크거나 확정된 일	일어날지 불확실하거나 가정적인 상황

When it rains, I stay home. 비가 올 때 나는 집에 있는다.

If it rains, I'll stay home. 만약 비가 온다면 나는 집에 있을 것이다.

When you press this button, the machine starts.
이 버튼을 누르면 기계가 작동한다.

If you press this button, it might break. 이 버튼을 누르면 망가질 수도 있다.

영어 전달 방법의 규칙
'지난 정보'와 '새로운 정보'

영어에서 정보를 전달할 때는 '지난 정보 → 새로운 정보' 순으로 구성하는 것이 원칙입니다. 지난 정보(Given Information)는 화제에 이미 나오고 있거나, 청자가 알고 있는 내용입니다. 새로운 정보(New Information)는 처음 등장하거나, 청자에게 생소한 내용입니다. 이 순서를 지키면 청자는 이야기의 흐름을 더 쉽게 이해할 수 있고, 반대로 순서가 뒤바뀌면 불필요한 부담을 느낄 수 있습니다.

예를 들어,

When I eat crab, I always get sick.

→ 여기서는 '게를 먹는다'가 지난 정보, '항상 아프다'가 새로운 정보로 자연스럽게 연결됩니다.

반면

I always get sick when I eat crab.

→ '항상 아프다'가 지난 정보, '게를 먹을 때(새로운 상황)'가 뒤에 와서 약간 어색한 흐름이 됩니다.

또 다른 예로,

Haruki Murakami wrote this novel. (능동)

This novel was written by Haruki Murakami. (수동)

이미 앞문장에서 "『노르웨이의 숲』은 유명한 소설이다"가 나왔다면, 수동태 문장(This novel was written ~.)이 훨씬 자연스럽습니다. 이미 언급된 '이 소설(This novel)'이 지난 정보로, 그 뒤에 나오는 '작가 이름(Haruki Murakami)'이 새로운 정보로 적절히 배치되기 때문입니다.

이처럼 어떤 문장 형식을 사용할지는 정보 흐름의 원칙에 따라 달라져야 합니다. "문법적으로 틀리지 않지만 어색하다"는 지적을 받을 때, 많은 경우 이 정보의 흐름을 잘못 배열해서 생기는 문제입니다.

※ 주로 문장으로 쓰였을 경우에 해당되며, 회화의 경우에는 이 원칙에 적용되지 않을 수 있습니다.

Part
5

'as~as'의 두 as는 사실 똑같은 게 아니었다!

[비교]

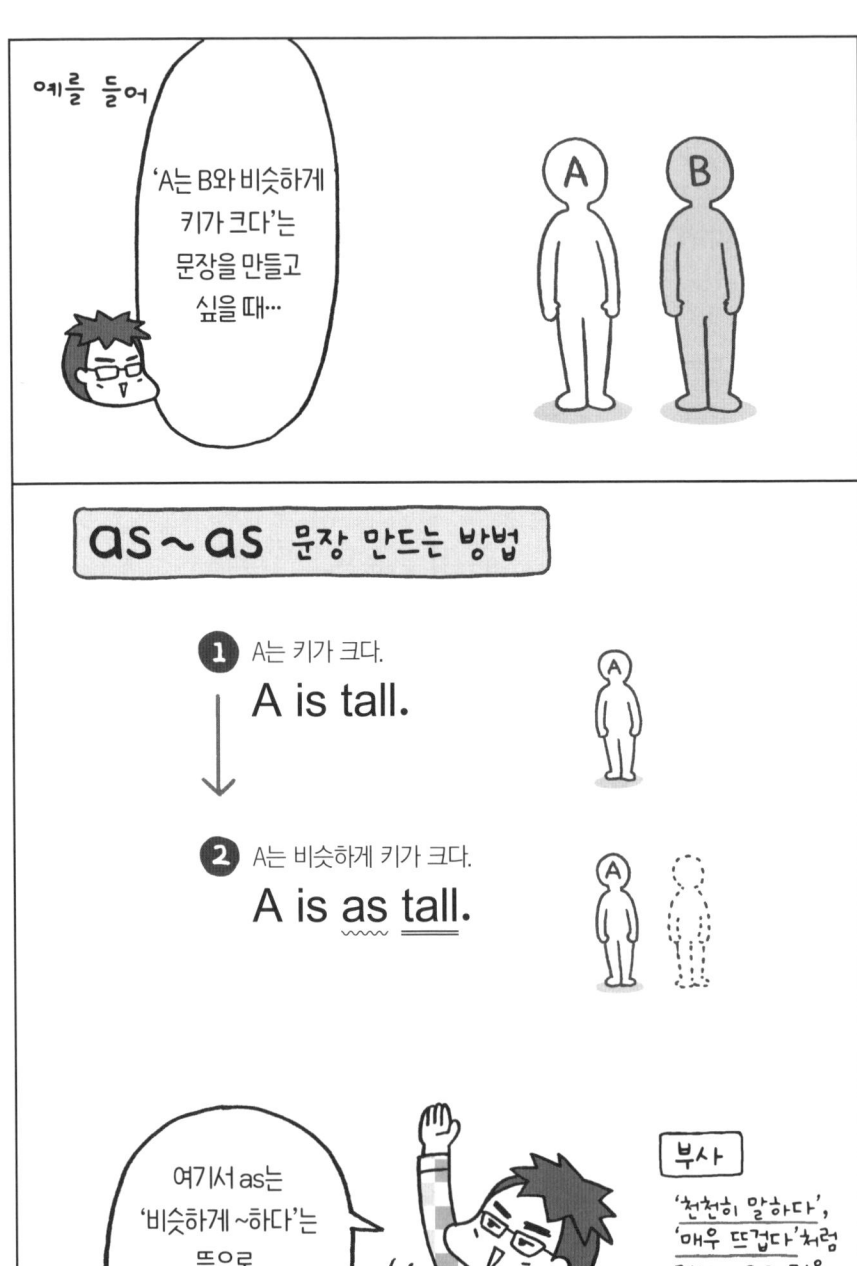

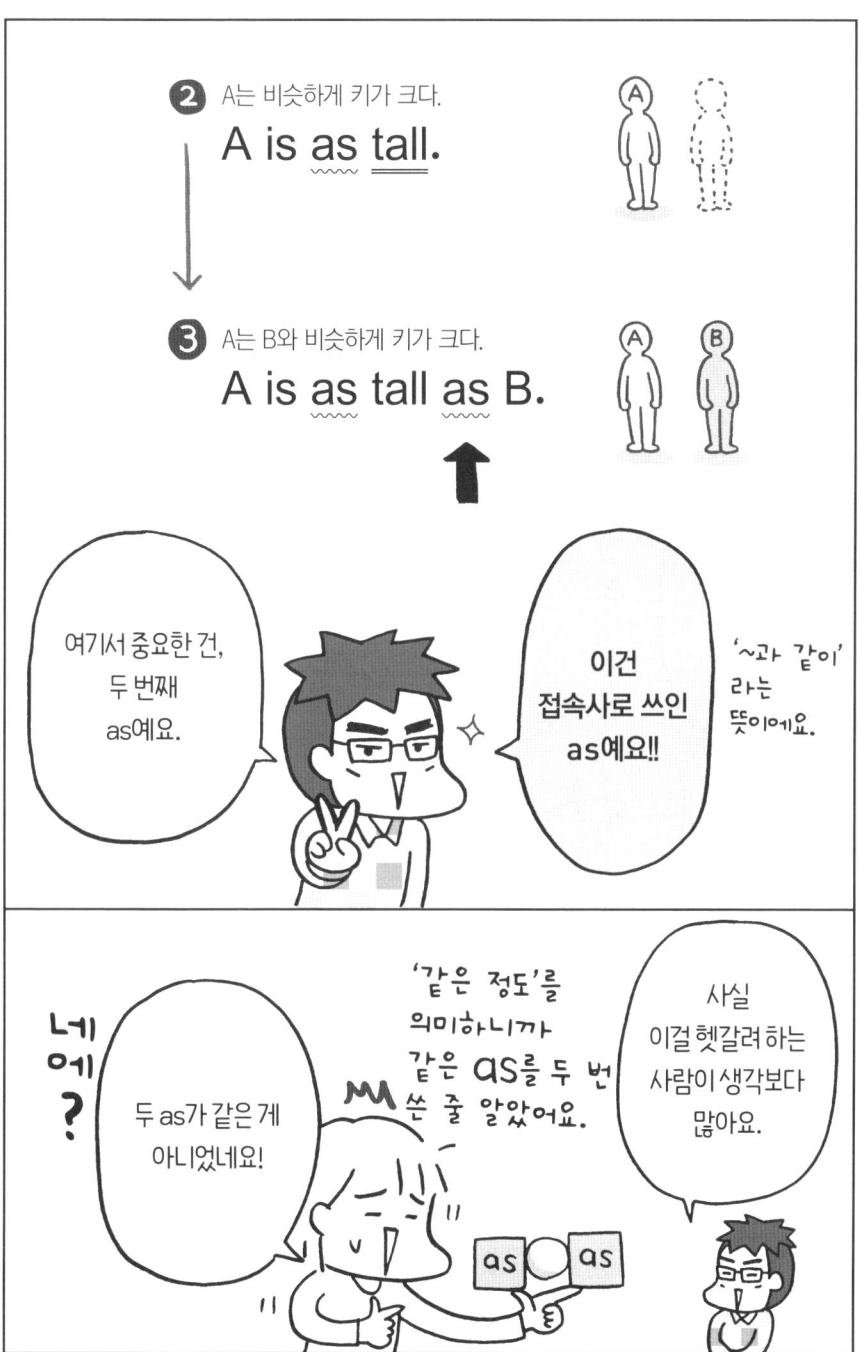

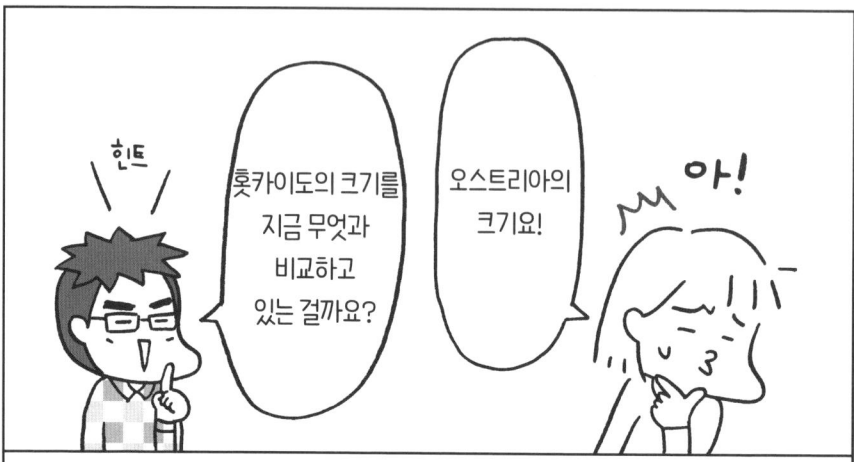

홋카이도의 크기는 오스트리아와 비슷하게 크다.

✗ The size of Hokkaido is as large as Austria.

○ The size of Hokkaido is as large as that※ of Austria (is large).

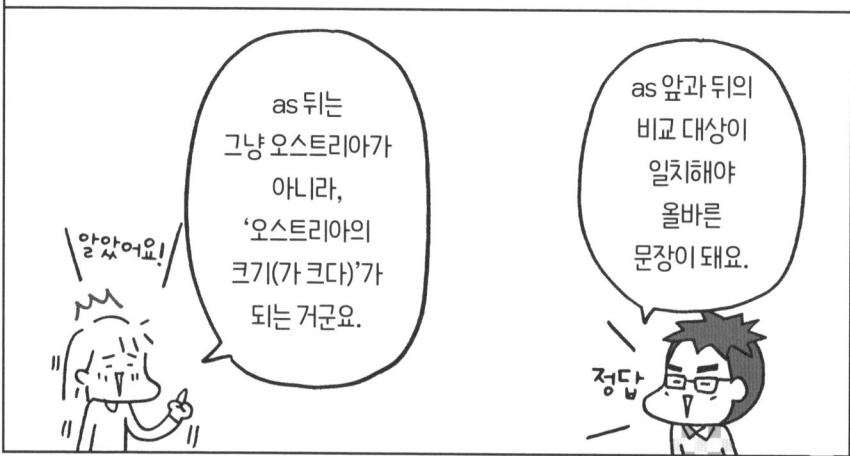

※ 영어는 같은 단어의 반복을 피하려 하기 때문에, the size를 that으로 대신한다.

❶ 비교급 + than   (~보다) 더 …한(하게)

형용사나 부사에 -er을 붙인 형태를 비교급이라고 한다

첫 번째는 비교급을 사용하는 방식이에요.

He is taller than I.

그는 나보다 키가 크다.

Rabbits run faster than tortoises.

토끼는 거북이보다 빨리 달린다.

❷ more + 원급 + than ~보다 더 …한(하게)

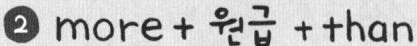

형용사나 부사의 기본 형태를 '원급'이라고 한다

두 번째 방식은 more를 사용하는 거예요.

This book is <u>more difficult than</u> that book.

이 책은 저 책보다 더 어렵다.

Cinderella is <u>more beautiful than</u> her older sisters.

신데렐라는 그녀의 언니들보다 더 아름답다.

음… 그러니까…

more는 언제 쓰는 거였죠?

형용사나 부사가 3음절 이상이면 more를 써요.

3음절

생각이 안 나요…

❷ the most + 원급   가장 ~한(하게)

두 번째 방식은 most를 사용하는 거예요.

He is the most famous actor in Korea.
그는 한국에서 가장 유명한 배우이다.

This book is the most difficult of the three.
이 책은 세 권 중에서 가장 어렵다.

more를 쓸 때처럼, most도 길거나 복잡한 단어에 사용해요.

긴 단어에는 most를 쓰면 되는 거군요.

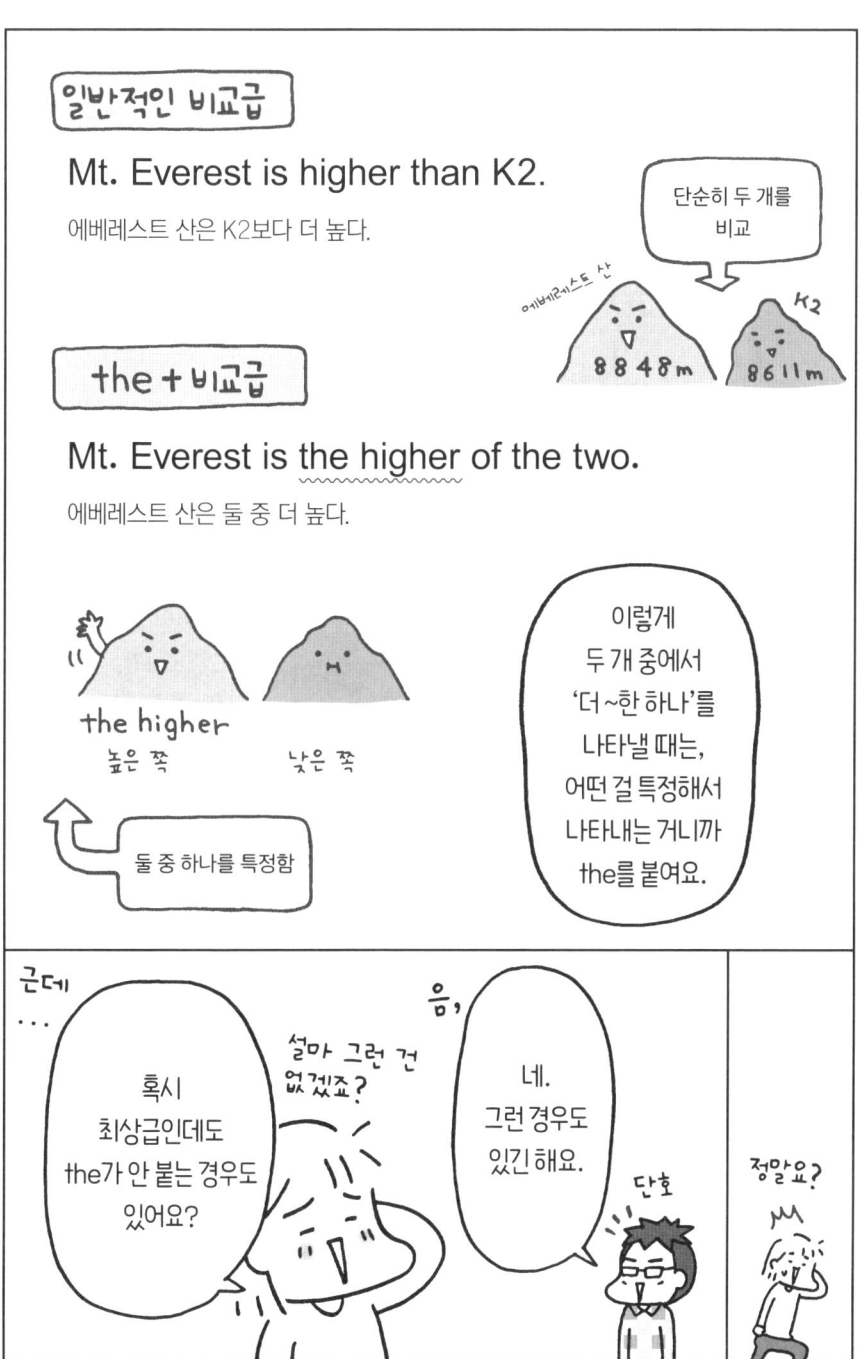

〈of의 경우〉

This bag is the most expensive of the four.

이 가방은 네 개 중에서 가장 비싸다.

This is the best of all the novels.

이것은 모든 소설 중에서 최고다.

Jane can swim the fastest of us all.

제인은 우리 중에서 가장 빨리 헤엄칠 수 있다.

- the + 숫자
- 여러 개를 나타내는 명사나 대명사가 와요.

⟨in의 경우⟩

He is the funniest boy in my class.
그는 우리 반에서 가장 재미있는 남자아이다.

My father comes home the latest in my family.
아버지는 우리 가족 중에 가장 늦게 집에 오신다.

She is the oldest woman in the world.
그녀는 세계에서 가장 나이가 많은 여성이다.

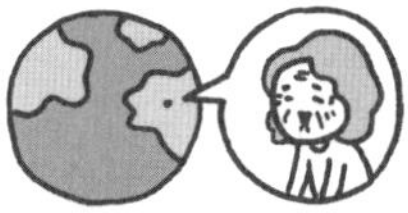

비교 대상이 속해 있는 '범위'나 '집단' 안에서 가장 ~하다는 의미로 쓸 때 사용해요.

class
family
country
world

---

of

of는 비교 대상이 구체적으로 정해져 있을 때, 예를 들어 사람이나 사물이 명확히 나열된 경우에 써요.

in

in은 비교 대상이 포함된 집단이나 범위를 나타낼 때 쓴다고 기억하면 돼요.

비교 총정리 노트

비교

대부분의 형용사와 부사는 비교 표현을 사용하면 의미를 더욱 명확하게 전달할 수 있다. 예를 들어, '그는 키가 크다'라고만 하면 어느 정도로 큰지 정확히 알기 어렵다. 물론 very나 too 같은 말을 덧붙일 수도 있지만, 다음과 같이 원급, 비교급, 최상급을 사용하면 의미가 훨씬 분명해진다.

He is tall. 그는 키가 크다.
He is as tall as grown-ups. (원급) 그는 성인만큼 키가 크다.
He is taller than grown-ups. (비교급) 그는 성인보다 키가 더 크다.
He is the tallest among his family. (최상급) 그는 가족 중에서 가장 키가 크다.

원급

형용사나 부사의 원형을 그대로 사용하는 표현을 말한다. 두 대상의 정도가 비슷하거나 같을 때 비교에 사용되며, 그 정도를 설명하는 데 쓰인다. 이때 보통 「as+형용사/부사+as」 형태로 쓰이며, '~만큼 …한[하게]', '비슷하게 ~한'이라고 해석한다.

I'm as busy as a bee. 나는 꿀벌만큼 바쁘다.
The movie was as exciting as I expected. 그 영화는 내가 기대했던 만큼 신났다.
Your idea is as good as mine. 네 생각도 내 생각만큼 좋다.
They arrived as early as we did. 그들은 우리만큼 일찍 도착했다.
Read as many books as you can. 네가 할 수 있는 한 많은 책을 읽어라.

원급의 부정 표현은 두 대상의 정도가 같지 않음을 나타내며, 그 차이를 설명할 때 사용한다. 이때 보통 「not as+형용사/부사 원급+as」 형태를 쓰며, '~만큼 …하지 않은[하지 않게]'라고 해석한다.

I didn't run as fast as Tom. 나는 톰만큼 빨리 달리지 못했다.
She doesn't sing as well as her sister. 그녀는 언니만큼 노래를 잘하지 않는다.
This question isn't as easy as it looks. 이 문제는 보기만큼 쉽지 않다.
These jeans are not as expensive as they look.
이 청바지는 보기만큼 비싸지 않다.

비교급과 최상급

형용사와 부사의 형태를 변화시켜 '더 ~한[하게]', '가장 ~한[하게]'처럼 둘 이상의 대상의 정도를 비교할 수 있다. 이러한 표현을 각각 비교급과 최상급이라고 한다.
비교급과 최상급의 형태는 다음과 같이 세 가지 유형으로 나눌 수 있다.

① 단어에 -er, -est를 붙이는 형태: tall – taller – tallest
② 단어 앞에 more, most를 붙이는 형태: beautiful – more beautiful – most beautiful
③ 불규칙 변화 형태

good / well – better – best	little – less – least
bad / badly – worse – worst	far – farther / further – farthest / furthest
old – older / elder – oldest / eldest	many / much – more – most

비교급

두 개의 대상을 비교할 때는 「비교급+than」 형태를 사용한다. 이때 than(~보다)은 비교 대상을 연결하는 역할을 하며, than 뒤에는 명사, 부사, 절 등 다양한 표현이 올 수 있다.

James is older than Lucy. 제임스는 루시보다 나이가 더 많다.
Mars is smaller than the Earth. 화성은 지구보다 더 작다.
Today is warmer than yesterday. 오늘은 어제보다 더 따뜻하다.
My backpack is heavier than yours. 내 배낭이 네 것보다 더 무겁다.
Ava is trying to exercise more regularly.
아바는 이전보다 더 규칙적으로 운동하려고 노력하고 있다.
He speaks English more fluently than before.
그는 예전보다 영어를 더 유창하게 말한다.
They drive better than we do. 그들은 우리보다 운전을 더 잘한다.
I feel much better than I did yesterday. 나는 어제보다 기분이 훨씬 더 좋다.
Ben is even taller than his sister. 벤은 누나보다 훨씬 더 키가 크다.

TIPS 비교급을 사용할 때, 그 차이를 더 강조하고 싶다면 even, still, much, a lot 등의 강조 부사를 비교급 앞에 써서 비교의 정도를 더욱 뚜렷하게 표현할 수 있다.

최상급

셋 이상을 비교할 때, 그 중에서 가장 뛰어난(또는 낮은) 대상을 나타낼 때는 「the + 최상급」 형태를 사용한다. 경우에 따라 정관사 the 대신에 소유격 대명사가 올 수도 있다.
전치사 in, of, among 등을 써서 비교 대상이나 범위를 구체적으로 나타낼 수 있다.

Today is the hottest day of the year. 오늘은 올해의 가장 더운 날이다.
Elena is the tallest student in her class. 엘레나는 반에서 가장 키가 크다.
This is the longest bridge in the world. 이 다리를 세계에서 가장 긴 다리이다.
He is the most famous soccer player in Korea.
그는 한국에서 가장 유명한 축구 선수이다.
It was the most surprising result of the year. 그것은 올해 가장 놀라운 결과였다.
My youngest son is 6 years old. 나의 가장 어린 아들은 6살이다.
It was the best day of my life. 내 인생 중에서 최고의 날이었다.
This problem is the least important of all. 이 문제는 그중에서 중요성이 가장 낮다.
By far the most expensive item in the store is this bag.
가게에서 단연 가장 비싼 물건은 이 가방이다.

> **TIPS** 최상급을 사용할 때, 그 정도를 더욱 강조하고 싶다면 by far, much, very 등의 강조 부사를 최상급 앞에 써서 차이를 더욱 분명하게 표현할 수 있다.

비교급과 최상급 만드는 방법

대부분의 형용사 / 부사	형용사/부사 + -er /-est	short – shorter – shortest young – younger – youngest
-e로 끝나는 형용사 / 부사	형용사/부사 + -r /-st	nice – nicer – nicest large – larger – largest
「자음 + -y」로 끝나는 형용사/부사	-y를 -i로 바꾸고 + -er /-est	heavy – heavier – heaviest happy – happier – happiest
「단모음 + 단자음」으로 끝나는 형용사 / 부사	마지막 자음을 한번 더 쓰고 + -er /-est	big – bigger – biggest hot – hotter – hottest
3음절 이상의 형용사 / 부사	more / most + 형용사 / 부사	careful – more careful – most careful difficult – more difficult – most difficult

원급	비교급	최상급
cool(시원한)	cooler	coolest
deep(깊은)	deeper	deepest
great(위대한)	greater	greatest
kind(친절한)	kinder	kindest
high(높은, 높이)	higher	highest
loud(소리가 큰)	louder	loudest
simple(간단한)	simpler	simplest
slow(느린)	slower	slowest
wise(현명한)	wiser	wisest
busy(바쁜)	busier	busiest
early(이른, 일찍)	earlier	earliest
easy(쉬운)	easier	easiest
funny(재미있는)	funnier	funniest
lucky(행운의)	luckier	luckiest
fat(뚱뚱한)	fatter	fattest
thin(얇은)	thinner	thinnest
fit(건강한, 잘 맞는)	fitter	fittest
glad(기쁜)	gladder	gladdest
flat(평평한)	flatter	flattest
fast(빠른, 빨리)	faster	fastest
hard(단단한, 어려운, 열심히)	harder	hardest
long(긴, 오래)	longer	longest
soon(곧, 금세)	sooner	soonest
near(가까운, 가까이에)	sooner	soonest

active(활발한)	more active	most active
dangerous(위험한)	more dangerous	most dangerous
precious(귀중한)	more precious	most precious
helpful(도움이 되는)	more helpful	most helpful
boring(지루한)	more boring	most boring
useless(쓸모 없는)	more useless	most useless
expensive(비싼)	more expensive	most expensive
important(중요한)	more important	most important
effectively(효과적으로)	more effectively	most effectively
slowly(느리게)	more slowly	most slowly
easily(쉽게)	more easily	most easily
exactly(정확하게)	more exactly	most exactly
rapidly(빨리)	more rapidly	most rapidly
quickly(빠르게)	more quickly	most quickly
frequently(자주)	more frequently	most frequently

Part 6

'현재분사'인데 과거의 문장?

[분사]

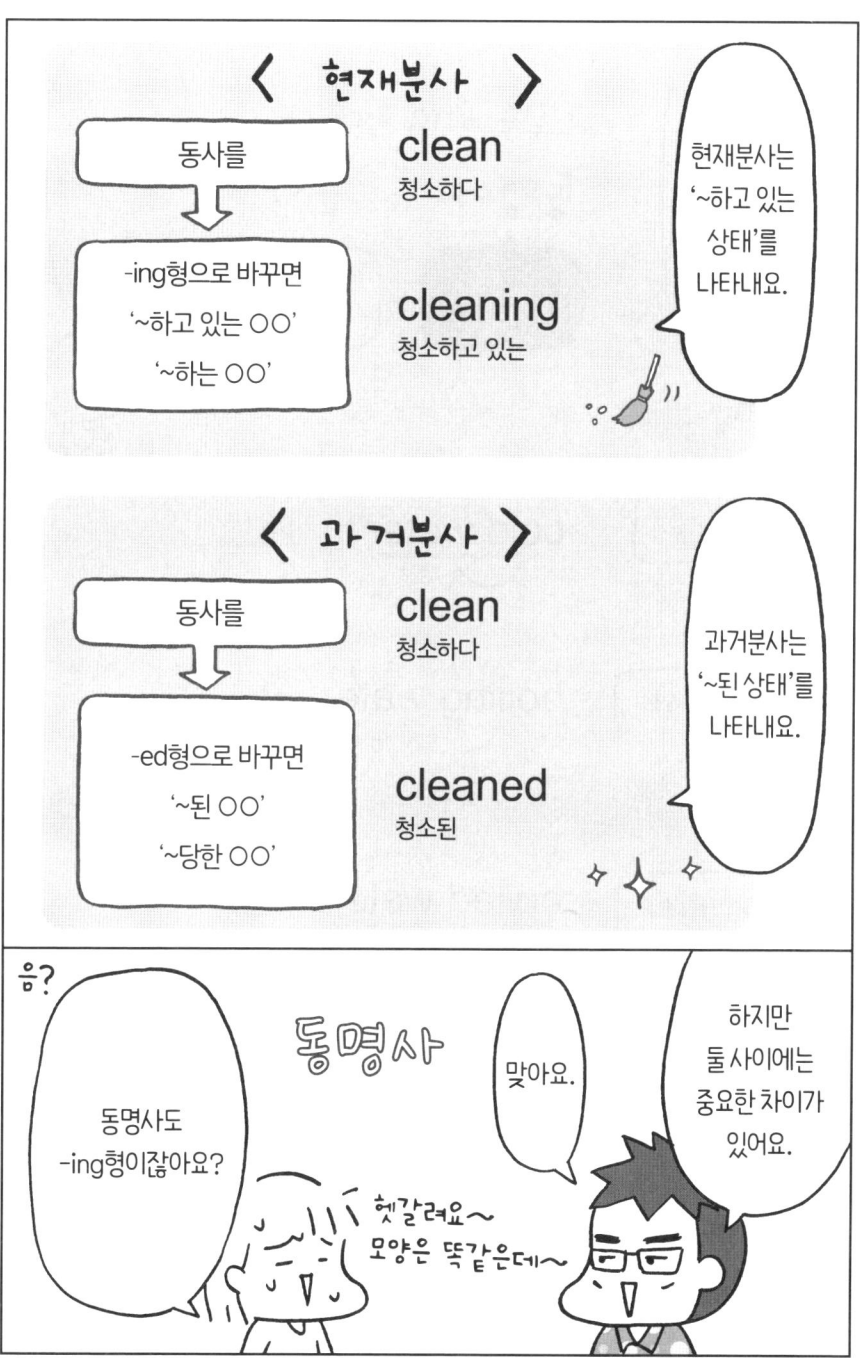

현재분사	동사 + -ing
~하고 있는 ○○, ~하는 ○○(능동, 진행의 의미)	

The man sitting over there is Mr. Sekine.

저기 앉아 있는 분은 세키네 씨입니다.

The prince kissed the sleeping princess.

왕자는 잠자고 있는 공주에게 키스했다.

과거분사	동사 + -ed (규칙동사의 경우)
~된 ○○, ~당한 ○○(수동, 완료의 의미)	

This is a song loved by old people.

이 노래는 어르신들에게 사랑받는 곡이다.

I'll have rice and grilled fish for dinner today.

나는 오늘 저녁에 밥과 구운 생선을 먹을 것이다.

〈분사를 두는 위치〉

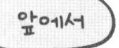 앞에서

The sleeping baby is my daughter.
분사 → 명사

자고 있는 아기는 내 딸이다.

 뒤에서

The baby sleeping in the bed
명사 ← 분사 덩어리

　　　　　　　　　　　　is my daughter.

침대에서 자고 있는 아기는 내 딸이다.

'자고 있는'처럼 분사가 한 단어일 때는 명사 앞에,

'침대에서 자고 있는'처럼 분사 덩어리가 길어지면 명사 뒤에 두는 게 자연스러워요.

영어에서는 명사 앞이 너무 길어지면 어색하게 들리기 때문이에요.

분사 총정리 노트

분사

분사는 동사에서 파생되었지만, 문장에서 형용사처럼 명사를 수식하는 역할을 한다. 분사는 현재분사와 과거분사 두 가지가 있으며, 이름에 '현재'나 '과거'가 들어 있더라도 문장의 시제와 직접적인 관련은 없다.

현재분사

현재분사는 동사원형에 -ing를 붙여 만든 형태로, 형태는 동명사와 같지만 기능은 다르다. 현재분사는 형용사처럼 명사를 수식하며, 보통 '~하는(능동)', '~하고 있는(진행)'의 의미를 나타낸다. 즉, 수식받는 명사가 해당 동작을 직접 하거나, 그 동작이 진행 중임을 의미한다.

I say a flying bird in the sky. 나는 하늘을 나는 새를 보았다.
The smiling girl is my sister. 웃고 있는 여자아이는 내 여동생이다.
They watched the burning building. 그들은 불타는 건물을 지켜보았다.
Look at the shining stars. 빛나는 별들을 봐.

과거분사

과거분사는 일반적으로 동사원형에 -ed를 붙여 만든 형태이다. 형용사처럼 명사를 수식하며, 보통 '~된(수동)', '~당한(완료)'의 의미를 나타낸다. 즉, 수식받는 명사는 그 동작을 직접 하는 것이 아니라, 다른 주체에 의해 그 동작을 당하는 입장이다.

A fallen tree blocked the road. 쓰러진 나무가 도로를 막았다.
I can't find my lost keys. 나는 잃어버린 열쇠를 찾을 수 없다.
The injured player left the field. 부상당한 선수가 경기장을 떠났다.
The invited guests arrived on time. 초대받은 손님들이 제시간에 도착했다.
We stayed at a hotel surrounded by mountains.
우리는 산으로 둘러싸인 호텔에 머물렀다.

분사가 단독으로 명사를 수식할 때는 일반적으로 명사 앞에 위치한다. 하지만 분사가 목적어, 보어, 전치사(구), 부사(구) 등과 함께 분사구(분사 덩어리)를 이루어 길어지는 경우, 명사 뒤에 위치해 수식하는 것이 일반적이다.

I like books written in English. 나는 영어로 쓰인 책들을 좋아한다.
The man standing at the door is my uncle. 문 앞에 서 있는 남자는 내 삼촌이다.
She lives in a house built in the 19th century. 그녀는 19세기에 지어진 집에 산다.
The dog barking loudly scared the children.
크게 짖는 개가 아이들을 놀라게 했다.
Will you go to the music festival held in Tokyo?
너는 도쿄에서 열리는 음악 축제에 갈 거니?
We watched a movie based on a true story.
우리는 실화를 바탕으로 한 영화를 봤다.

자주 사용하는 불규칙 동사 목록

원형	현재형	과거형	과거분사형	-ing형
be(~이다)	am / is / are	was / were	been	being
become(~이 되다)	become(s)	became	become	becoming
begin(시작하다)	begin(s)	began	begun	beginning
break(깨뜨리다)	break(s)	broke	broken	breaking
bring(가져오다)	bring(s)	brought	brought	bringing
build(세우다)	build(s)	built	built	building
buy(사다)	buy(s)	bought	bought	buying
catch(붙잡다)	catch(es)	caught	caught	catching
choose(고르다)	choose(s)	chose	chosen	choosing
come(오다)	come(s)	came	come	coming
cut(자르다)	cut(s)	cut	cut	cutting
do(하다)	do / does	did	done	doing
draw(그리다)	draw(s)	drew	drawn	drawing
drink(마시다)	drink(s)	drank	drunk	drinking

drive(운전하다)	drive(s)	drove	driven	driving
eat(먹다)	eat(s)	ate	eaten	eating
fall(떨어지다)	fall(s)	fell	fallen	falling
feel(느끼다)	feel(s)	felt	felt	feeling
find(찾다)	find(s)	found	found	finding
fly(날다)	fly / flies	flew	flown	flying
forget(잊다)	forget(s)	forgot	forgot / forgotten	forgetting
get(얻다)	get(s)	got	got / gotten	getting
give(주다)	give(s)	gave	given	giving
go(가다)	go(es)	went	gone	going
grow(자라다)	grow(s)	grew	grown	growing
have(가지다)	have / has	had	had	having
hear(듣다)	hear(s)	heard	heard	hearing
hit(때리다)	hit(s)	hit	hit	hitting
hold(쥐다)	hold(s)	held	held	holding
keep(유지하다)	keep(s)	kept	kept	keeping
know(알고 있다)	know(s)	knew	known	knowing
learn(배우다)	learn(s)	learned / learnt	learned / learnt	learning
leave(떠나다)	leave(s)	left	left	leaving
lose(잃다)	lose(s)	lost	lost	losing
make(만들다)	make(s)	made	made	making
mean(뜻하다)	mean(s)	meant	meant	meaning
meet(만나다)	meet(s)	met	met	meeting
put(놓다)	put(s)	put	put	putting

read(읽다)	read(s)	read	read	reading
ride(타다)	ride(s)	rode	ridden	riding
rise(오르다)	rise(s)	rose	risen	rising
run(달리다)	run(s)	ran	run	running
say(말하다)	say(s)	said	said	saying
see(보다)	see(s)	saw	seen	seeing
sell(팔다)	sell(s)	sold	sold	selling
send(보내다)	send(s)	sent	sent	sending
show(보여주다)	show(s)	showed	shown	showing
sing(노래하다)	sing(s)	sang	sung	singing
sit(앉다)	sit(s)	sat	sat	sitting
sleep(자다)	sleep(s)	slept	slept	sleeping
speak(이야기하다)	speak(s)	spoke	spoken	speaking
spend(보내다)	spend(s)	spent	spent	spending
stand(서다)	stand(s)	stood	stood	standing
swim(헤엄치다)	swim(s)	swam	swum	swimming
take(잡다)	take(s)	took	taken	taking
teach(가르치다)	teach(es)	taught	taught	teaching
tell(전하다)	tell(s)	told	told	telling
think(생각하다)	think(s)	thought	thought	thinking
understand(이해하다)	understand(s)	understood	understood	understanding
wake(일어나다)	wake(s)	woke / waked	woken / waked	waking
wear(입고 있다)	wear(s)	wore	worn	wearing
win(이기다)	win(s)	won	won	winning
write(쓰다)	write(s)	wrote	written	writing

과거형으로 현재의 일을 나타낸다?

본문에서도 배운 바와 같이, 동사나 조동사의 과거형이 반드시 과거의 의미만을 나타내는 것은 아닙니다. 특히 공손함을 표현하고자 할 때 과거형이 사용되면, 비록 형태는 과거지만 의미는 현재를 나타내며 완곡하고 간접적인 표현이 됩니다.

예를 들어, 예전에 만난 사람의 이름이 기억나지 않을 때 다음과 같이 말할 수 있습니다.

I'm sorry, what was your name again?
(죄송하지만, 이름이 뭐라고 하셨죠?)

이 문장에서 was는 과거형이지만, 이름은 현재도 변하지 않으므로 실제로는 현재의 상황을 묻고 있는 것입니다. 만약 What is your name again?이라고 말하면, 말투에 따라 상대에게 딱딱하고 무례하게 들릴 수 있습니다.

또 다른 예로, 동사 wonder(~일지 궁금하다)를 사용한 표현을 살펴볼까요?

I wondered if you could help me.
(당신이 저를 도와줄 수 있을지 궁금했습니다.)

여기서 wondered와 could는 모두 과거형이지만, 실제로는 지금 도움을 요청하는 상황입니다. 이처럼 과거형은 현실에서 살짝 거리를 두어 표현을 부드럽게 하고, 강압적인 느낌을 줄이기 위한 수단으로 사용됩니다.

이는 본문 29쪽에서 다룬 조동사의 과거형 사용 예에서도 볼 수 있듯이, 정중하고 완곡한 표현의 중요한 문법적 기능입니다.

※ 이 해석은 모든 동사에 적용되는 것이 아니라 wonder, think, want, hope처럼 소망이나 의도와 관련된 심리 상태를 나타내는 일부 동사에 한정됩니다.

Part 7

영어와 우리말은 '감정'을 표현하는 방법이 다르다?

[수 동 태]

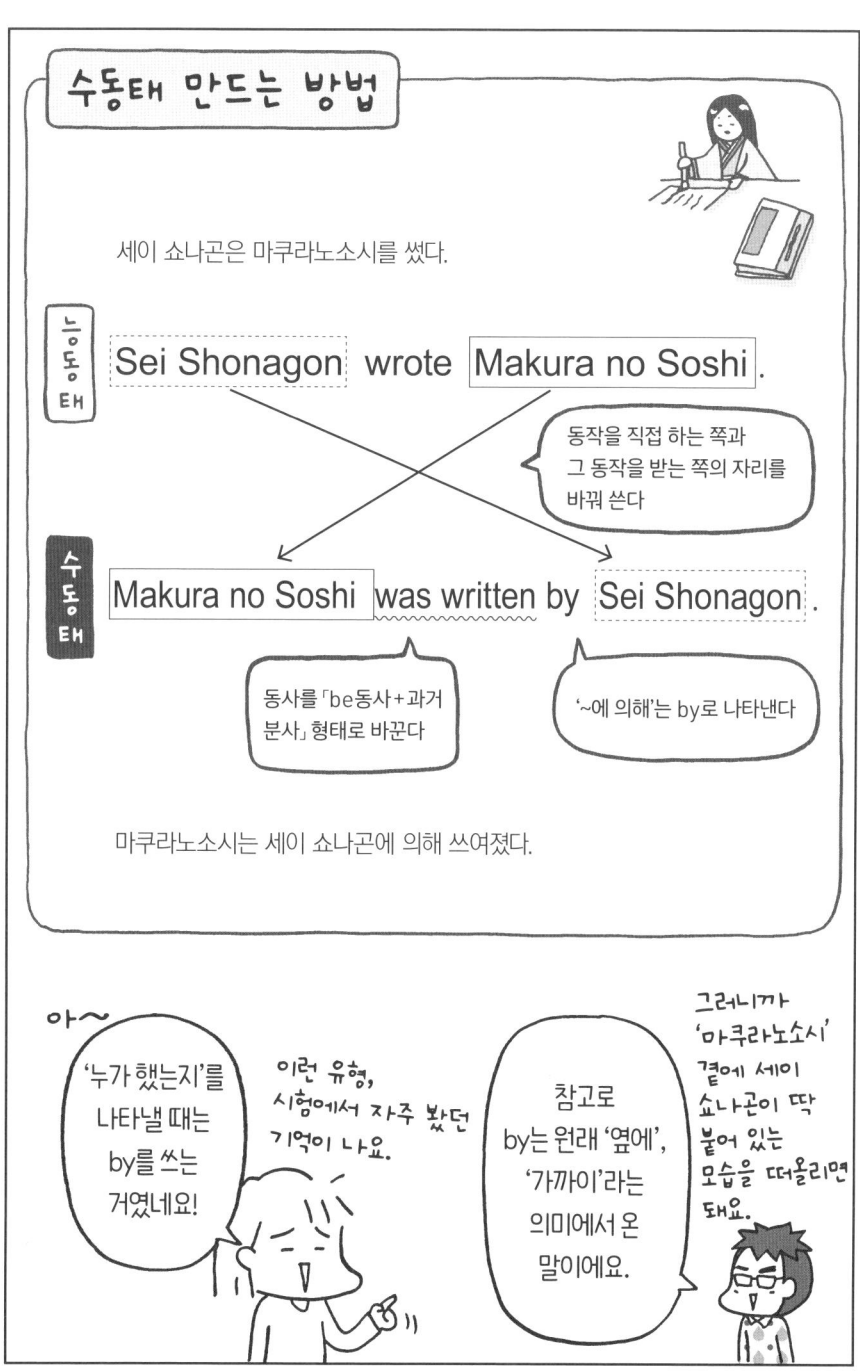

〈 by가 아닌 전치사가 쓰이는 수동태 문장 〉

He was injured in a car accident.

그는 자동차 사고로 부상을 입었다.

사고 '중'에 일어난 일이므로 in

She was surprised at the news.

그녀는 그 소식에 놀랐다.

소식이라는 '대상'에 놀랐으므로 at

The room is filled with smoke.

그 방은 연기로 가득 차 있다.

연기와 방이 '함께' 있는 상황이므로 with

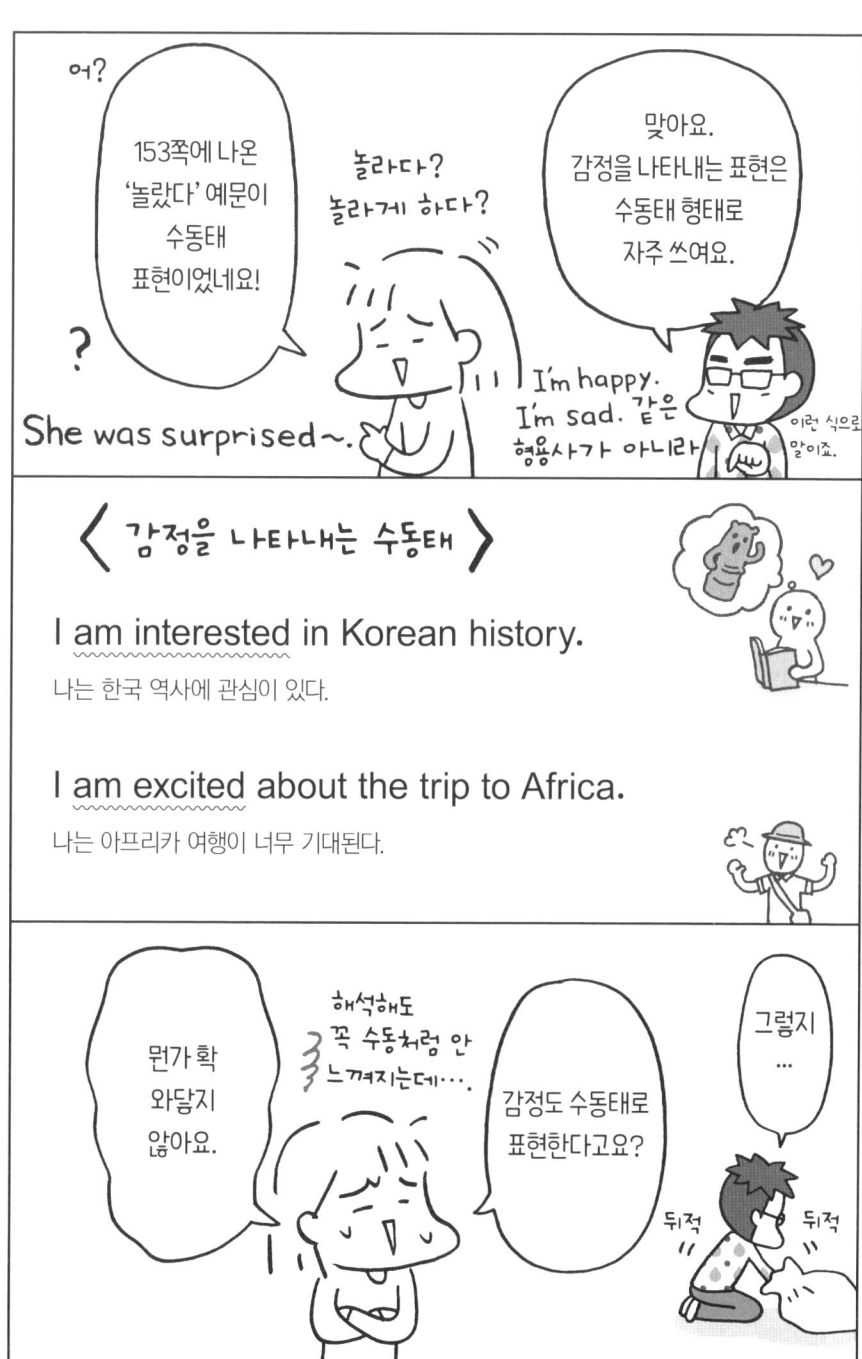

⟨ 헷갈리기 쉬운 감정 관련 표현 ⟩

interest ··· 동 흥미를 갖게 하다

- I'm interested. → 나는 흥미가 있다.
  나는 (무엇에) 흥미를 느낀다.
- I'm interesting. → 나는 흥미로운 사람이다.
  나는 (다른 사람에게) 흥미로운 존재로 느껴진다.

bore ··· 동 지루하게 만들다

- I'm bored. → 나는 심심하다.
  나는 지루함을 느낀다.
- I'm boring. → 나는 지루한 사람이다.
  나는 (다른 사람을) 지루하게 만든다.

수동태 총정리 노트

능동태와 수동태

영문법에서 '태'는 주어와 동사의 의미적 관계를 나타내는 문법 요소이다. 능동태는 문장의 주어가 동작을 직접 수행할 때를 말하며, 수동태는 문장의 주어가 그 동작의 영향을 받을 때를 말한다. 즉, 능동태 문장의 목적어가 수동태 문장에서 주어의 자리에 오게 된다.

She grows the flowers. (능동태)
The flowers are grown by her. (수동태)

수동태는 일반적으로 다음과 같은 상황에서 사용된다.
① 동작의 주체보다 동작을 받은 대상을 강조하고자 할 때
② 동작의 주체가 불분명할 때
③ 주체가 명확하여 굳이 밝힐 필요가 없을 때

The Eiffel Tower is visited by millions of tourists every year.
에펠탑은 매년 수백만 명의 관광객이 방문한다.
An error was found in the report. 보고서에서 오류가 발견되었다.
The fire was put out quickly. 불은 빠르게 꺼졌다.

수동태

수동태 문장은 일반적으로 「주어+be동사+과거분사(p.p.) ~.」 형태로 이루어진다.
수동태에서는 동작의 주체가 중요하지 않거나 생략 가능한 경우가 많기 때문에, 이를 문장에서 생략하는 일이 흔하다. 하지만 동작의 주체를 분명히 밝혀야 할 필요가 있을 때는 'by+목적격' 형태로 나타낸다.

Coffee is served here. 이곳에서는 커피가 제공된다.
The phone was found under the table. 전화기는 탁자 밑에서 발견되었다.
This app is used by many people. 이 앱은 많은 사람들에 의해 사용된다.
The thief was caught by the police. 도둑은 경찰에 의해 잡혔다.

수동태의 관용적 표현

일반적으로 수동태에서는 동작의 주체를 'by+목적격' 형태로 나타낸다. 하지만 이 외에도 원인, 재료, 대상 등을 나타낼 때는 의미에 따라 다른 전치사가 사용되기도 한다. 따라서 이러한 표현은 전치사의 의미에 따라 구분하여 이해할 필요가 있다.

be worried about ~에 대해 걱정하다	He is worried about finding a new job. 그는 새 직장을 구하는 것에 대해 걱정하고 있다.
be filled with ~로 가득차다	The glass was filled with water. 그 유리잔은 물로 가득 차 있었다.
be covered with[in] ~로 덮여 있다	The mountain was covered with snow. 그 산은 눈으로 덮여 있었다.
be pleased with ~에 기뻐하다	She was pleased with the gift. 그녀는 선물에 기뻐했다.
be satisfied with ~에 만족하다	He was satisfied with the result. 그는 그 결과에 만족했다.
be disappointed with ~에 실망하다	They were disappointed with the service. 그들은 서비스에 실망했다.
be annoyed with ~에 짜증나다	I'm annoyed with the noise. 나는 그 소음에 짜증이 났다.
be composed of ~로 구성되다	The committee is composed of ten members. 그 위원회는 10명의 구성원으로 이루어져 있다.
be ashamed of ~을 부끄러워하다	She was ashamed of her behavior. 그녀는 자신의 행동을 부끄러워했다.
be surprised at[by] ~에 놀라다	I was surprised at the news. 나는 그 소식에 놀랐다.
be interested in ~에 관심이 있다	Jim is interested in science fiction. 짐은 공상과학 소설에 관심이 있다.
be made of ~로 만들어지다	The table is made of wood. 그 탁자는 나무로 만들어졌다.
be made from ~로 만들어지다	Wine is made from grapes. 와인은 포도로 만들어진다.

be known for ~로 알려지다	France is known for its wine and cheese. 프랑스는 와인과 치즈로 유명하다.	
be known as ~로서 알려지다	Einstein is known as a genius. 아인슈타인은 천재로 알려져 있다.	

능동태보다 수동태로 쓰는 것이 더 자연스러운 표현들이 있다.

be lost 길을 잃다	We got separated and I was lost in the crowd. 우리는 떨어졌고, 나는 군중 속에서 길을 잃었다.	
be gone 사라지다, 없어지다	When I turned around, she was gone. 내가 돌아봤을 때, 그녀는 이미 사라지고 없었다.	
be done 끝나다, 끝내다	The homework is done. 숙제는 다 끝냈다.	
be born 태어나다	I was born in 2008. 나는 2008년에 태어났다.	
be located 위치해 있다	The hotel is located near the beach. 그 호텔은 해변 근처에 위치해 있다.	
be married 결혼하다	They have been married for 10 years. 그들은 결혼한 지 10년이 되었다.	
be supposed to ~하기로 되어 있다	The movie is supposed to start at 7. 영화는 7시에 시작하기로 되어 있다.	
be required to ~할 필요가 있다	Applicants are required to fill out the entire form. 지원자는 모든 양식을 작성해야 합니다.	
be encouraged to ~하도록 장려되다	Children are encouraged to read more books. 아이들에게 책을 더 많이 읽도록 권장된다.	
be forced to ~하도록 강요되다	He was forced to resign. 그는 사임을 강요받았다.	
be obliged to ~해야 한다, ~할 의무가 있다	We are obliged to follow the law. 우리는 법을 따라야 할 의무가 있다.	
be expected to ~할 것으로 기대되다	The train is expected to arrive at 5. 기차는 5시에 도착할 것으로 예상된다.	

Part
8

과거형과의 차이는 '이야기의 초점'!

[현재완료]

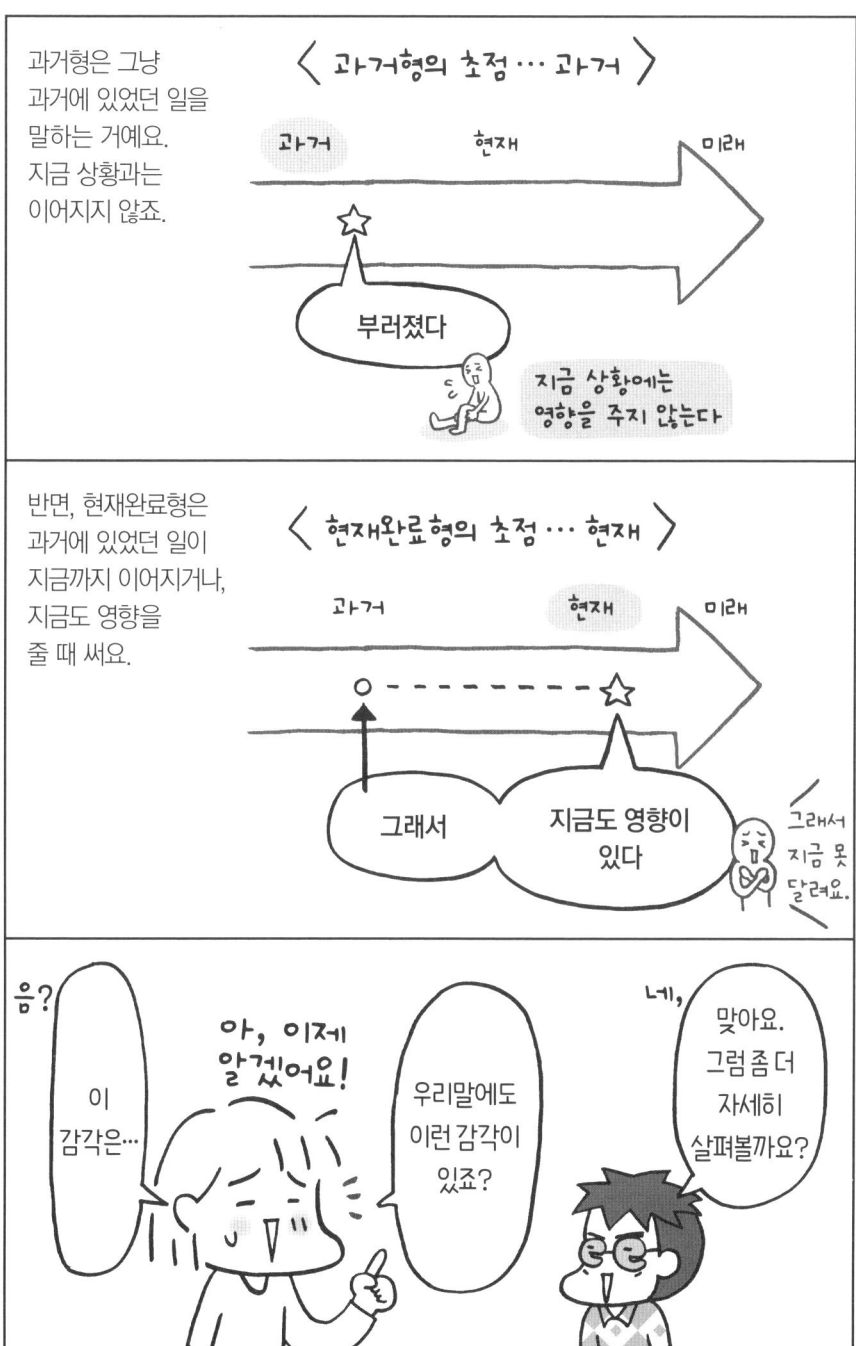

과거형	현재완료형
I lost my key. 나는 열쇠를 잃어버렸다. 열쇠를 잃었던 과거의 사실만을 말하며, 지금 상황과는 관련이 없다.	**I have lost my key.** 나는 열쇠를 잃어버렸다. 지금까지도 열쇠가 없는 상태일 수 있음을 암시한다.
I lived in Hawaii. 나는 하와이에 살았다. 과거 어느 시점에 하와이에서 살았다는 것을 의미한다. 	**I have lived in Hawaii since 2000.** 나는 2000년부터 하와이에 살고 있다. 2000년부터 지금까지 계속 살고 있다는 의미이다.
I ate ramen for lunch. 나는 점심으로 라면을 먹었다. 점심에 라면을 먹은 과거의 사실만을 말하며, 지금 상태와는 관련이 없다.	**I have eaten ramen for lunch.** 나는 점심으로 라면을 먹었다. 점심에 라면을 먹었기 때문에 지금 배가 부른 상태일 수 있으며, 이는 현재에도 영향을 미친다.

이제 과거형과 현재완료형의 차이를 좀 더 잘 이해할 수 있겠죠?

음...

1 경험

지금까지 ~한 적이 있다

She has visited Sapporo many times.
그녀는 삿포로를 여러 번 방문한 적이 있다.

I have never read Ogai's books before.
나는 오가이의 책을 한 번도 읽어 본 적이 없다.

> 이런 단어들이 쓰이면 '경험'을 나타내는 현재완료일 가능성이 높아요!

경험 용법에서 자주 쓰이는 표현

before	이전에	many times	여러 번
once	한 번	sometimes	때때로
twice	두 번	ever	언젠가
~ times	~ 번	never	전혀 ~ 없다
often	자주	so far	지금까지

2 계속 과거부터 지금까지 계속 ~하고 있다

I have worked at this company for seven years.

나는 이 회사에서 7년째 일하고 있다.

My sister has been a big fan of figure skating since then.

여동생은 그때부터 지금까지 피겨 스케이팅을 열렬히 좋아한다.

How long have you lived here?

여기서 얼마나 오래 살았어요?

계속 용법에서 자주 쓰이는 표현

for +기간	~ 동안
since +과거 시점	~ 이후로
How long ~?	얼마나 오래

3 완료·결과

> 막 ~한 상태이다
> ~했다

I have <u>just</u> sent an email to you.

나는 방금 너에게 이메일을 보냈다.

She has <u>already</u> left for Dubai.

그녀는 이미 두바이로 떠났다.

Nobita hasn't finished his homework <u>yet</u>.

노비타는 아직 숙제를 끝내지 못했다.

완료 용법에서 자주 쓰이는 표현

- **just** 방금
- **already** 이미
- **yet** 아직 (부정문)

> 보통 have/has와 과거분사 사이에 위치한다.

> 주로 부정문이나 의문문에서 문장 끝에 위치한다.

※ 결과 용법은 특정 표현 없이 문장의 앞뒤 흐름이나 상황을 통해 지금 상태인지 판단하게 된다.

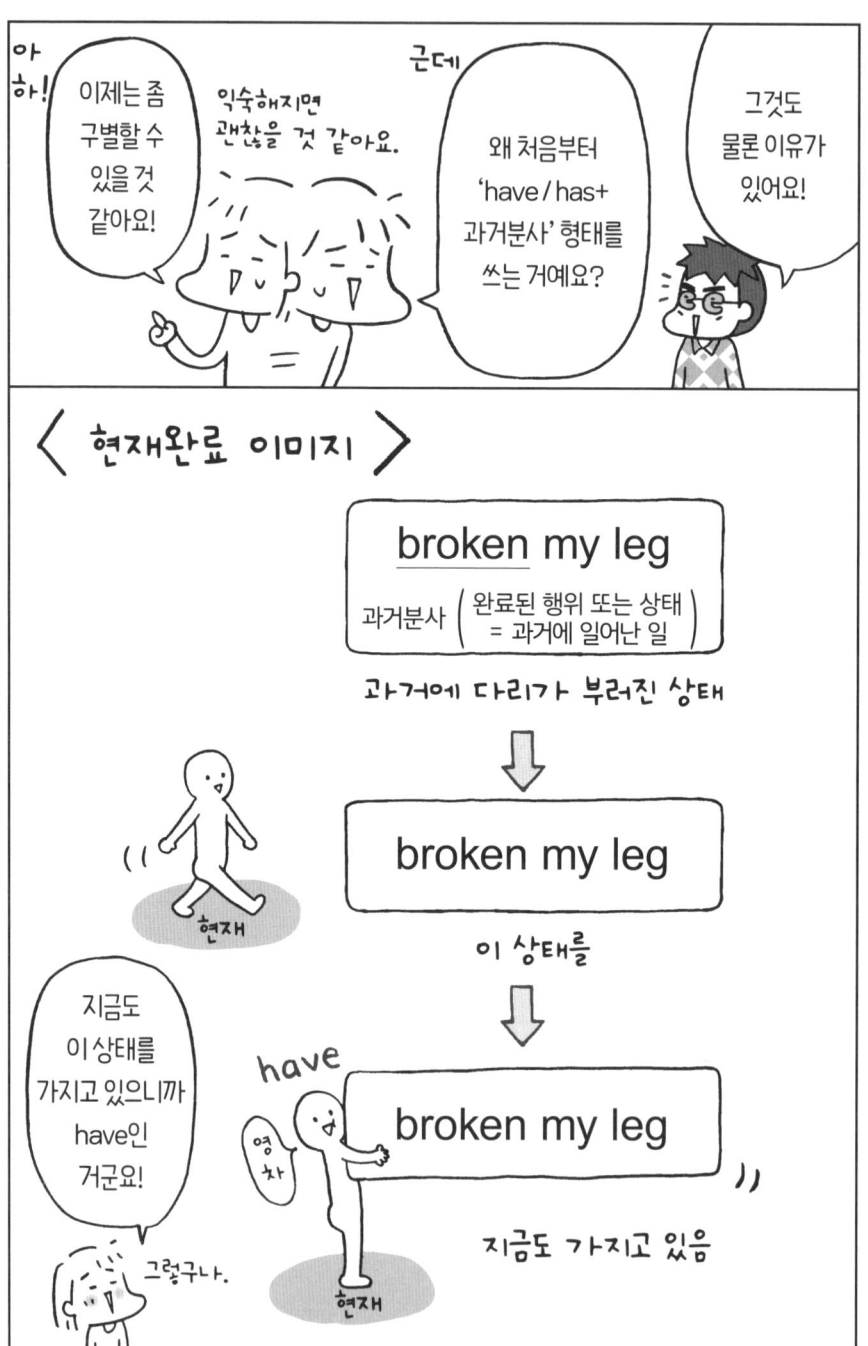

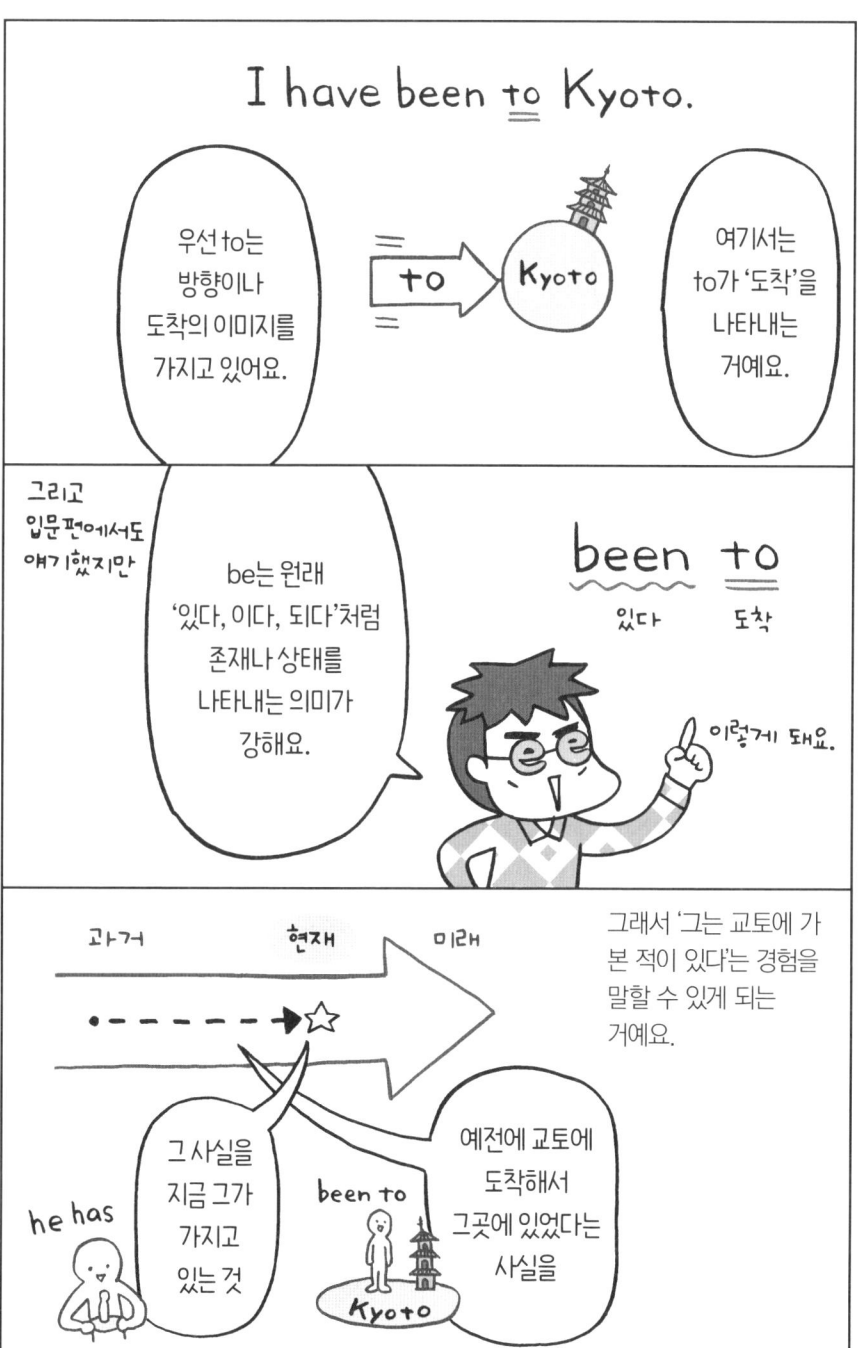

현재완료 총정리 노트

현재완료

과거에 일어난 일이 현재까지 연결되거나, 그 결과가 현재에도 영향을 주는 경우에 사용한다.
현재완료는 「have / has + 과거분사(p.p.)」 형태로, 주로 '~해왔다', '~한 적이 있다', '~해 버렸다' 등으로 해석한다. 또한 경험, 계속, 완료·결과의 세 가지 용법에 따라 의미가 달라진다.

현재완료의 용법 : 경험

과거부터 현재까지 겪은 일이나 경험을 나타내며, 보통 '~한 적이 있다'라고 해석한다.
once(한 번), twice(두 번), ~ times(~번), never(전혀 ~없다), ever(언젠가), before(이전에), so far(지금까지) 등과 자주 함께 쓰인다.

I have been to Paris once. 나는 파리에 한 번 가 본 적이 있다.
She has been late to work twice this month. 그녀는 이번 달에 두 번 지각했다.
He has failed the test many times. 그는 시험을 여러 번 떨어졌다.
We have never met him before. 우리는 그를 전에 만난 적이 없다.
Have you ever seen a shooting star? 너는 별똥별을 본 적이 있니?
We have met before, haven't we? 우리 전에 만난 적 있지 않나요?
He has done a great job so far. 그는 지금까지 아주 잘해 왔다.

현재완료의 용법 : 계속

과거에 시작된 행동이나 상태가 현재까지 계속됨을 나타내며, 보통 '~해 오고 있다', '~해왔다'처럼 해석한다. for(~동안), since(~이후로) 같은 기간 표현과 자주 함께 쓰인다.

I've known him for 10 years. 나는 그를 10년 동안 알고 지내왔다.
He has lived in Vancouver since 2002. 그는 2002년부터 벤쿠버에 살고 있다.
How long have you studied English? 너는 얼마나 오래 영어를 공부해 왔니?

현재완료의 용법 : 완료, 결과

완료 용법은 과거부터 해오던 일이 막 끝났음을 나타내며, 보통 '막 ~한 상태이다'라고 해석한다. just(방금), already(이미), yet(아직) 등의 시간 부사와 함께 자주 쓰인다.

I have just finished my homework. 나는 방금 숙제를 끝냈다.
She has already left the office. 그녀는 이미 사무실을 떠났다.
Have you eaten lunch yet? 너는 벌써 점심을 먹었니?

TIPS just는 긍정문에, already는 긍정문 또는 놀람을 나타낼 때, yet은 주로 의문문과 부정문에서 쓰인다.

결과 용법은 과거에 일어난 일이 지금 현재의 상태에 영향을 주고 있음을 나타낸다. 보통 과거형처럼 '~했다'라고 해석하지만, 그 의미에는 현재와 연결되는 결과 상태가 내포되어 있다.

I have lost my wallet in the park.
나는 공원에서 지갑을 잃어버렸다. (지금도 지갑이 없는 상태)
She has cut her finger.
그녀는 손가락을 베었다. (아직 상처가 나 있거나 피가 남)
We have missed the bus.
우리는 버스를 놓쳤다. (그래서 지금 탈 수 없음)
He has spilled coffee on the table.
그는 탁자에 커피를 쏟았다. (탁자가 아직 젖어 있거나 더러움)

현재완료와 시간 표현

현재완료는 과거부터 현재까지 이어지는 시간을 나타낼 때 사용하며, 이러한 용법에 맞는 지속적인 기간 표현과 함께 쓰인다. 반면, 과거시제는 명확한 과거의 특정 시점을 나타낼 때 사용된다. 따라서 명확한 과거 시점을 나타내는 표현은 현재완료와 함께 쓸 수 없다.

현재완료 + 현재까지의 시간	this week 이번 주	this month 이번 달	today 오늘	so far 지금까지
	recently 최근에	lately 요즘, 최근에	until now 지금까지	
	for + 기간 ~동안		since + 과거 시점 ~이래로	
과거시제 + 발생 시점	yesterday 어제 in 2000 2000년에	last night 어젯밤	ago ~전에	last year 작년

He has moved here lately. 그는 최근에 이사 왔다.

I *went* to the library yesterday. 나는 어제 도서관에 갔다.
They *finished* the project three days ago. 그들은 3일 전에 그 프로젝트를 끝냈다.
Everything *has gone* well until now. 지금까지 모든 일이 잘 진행되어 왔다.
We *saw* that movie last night. 우리는 어젯밤에 그 영화를 봤다.
She *has changed* jobs recently. 그녀는 최근에 직장을 옮겼다.
No one *has complained* so far. 지금까지 아무도 불평하지 않았다.

Part
9

중학 영문법의 보스 등장?

[관 계 대 명 사]

관계대명사로 문장 만드는 방법

① Tom is an artist.   ② He lives in that house.

an artist와 he가 같은 사람을 가리키므로, 이 둘을 하나의 문장으로 만들 수 있다.

Tom is the artist who lives in that house.
　　　　　　선행사　　관계대명사

who 이하의 내용이 '어떤 예술가인지'를 한정하고 있으므로 an→the로 바뀐 것이다

관계대명사는 항상 선행사 바로 뒤에 위치한다

톰은 저 집에 살고 있는 예술가이다.

관계대명사 뒤에 나오는 문장은 앞에 있는 명사(구)를 더 자세히 설명해 주는 역할을 해요.

이 명사(구)를 '선행사'라고 부르고, 관계대명사는 항상 이 선행사 뒤에 와요.

관계대명사 주격

선행사 + who / which / that + 동사

관계대명사가 문장에서 주어 역할을 할 경우

톰은 저 집에 사는 예술가이다.
Tom is the artist who lives in that house.
　　　　선행사　　관계대명사

뒤 문장의 주어가 된다.
The artist lives in that house.

선행사
 사람 ⇨ who / that
 사물·동물 ⇨ which / that※

She was the runner who won a gold medal at the Olympics.
그녀는 올림픽에서 금메달을 딴 주자였다.

Hachi is the dog which is famous as a faithful dog.
하치는 충견으로 유명한 개이다.

This is the movie that made us cry.
이것은 우리를 울게 만든 영화이다.

※ 관계대명사 that은 사람, 사물, 동물 선행사에 모두 쓸 수 있다.

관계대명사 목적격

선행사 + who(m) / which / that + 동사

관계대명사가 문장에서 목적어 역할을 할 경우

이것은 내가 어제 산 드레스이다.
This is the dress which I bought yesterday.
　　　　　선행사　　관계대명사

뒤 문장의 목적어가 된다
I bought the dress yesterday.

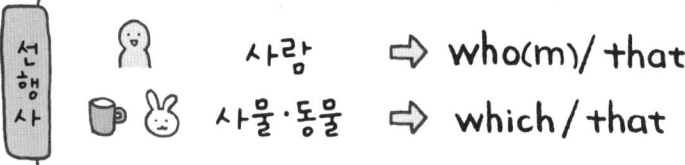

선행사 | 사람 ⇨ who(m)/that
선행사 | 사물·동물 ⇨ which/that

선행사가 사람일 때는 문법적으로 whom을 써야
하지만, 일상 회화에서는 who나 that을 더 자주 쓴다.

This is the bath which ancient Romans built.

이것은 고대 로마인들이 만든 목욕탕이다.

It is the grave that ancient Egyptians built.

그것은 고대 이집트인들이 만든 무덤이다.

※ 선행사에 사람과 사물 또는 동물이 혼합되어 있을 경우, 관계대명사로는 that을 쓴다.

〈관계대명사와 분사 바꿔 쓰기〉

「~하고 있는 ○○」
저 집에 살고 있는 예술가

'~하고 있는 ○○', '~된 ○○'을 관계대명사와 분사로 나타내면 다음과 같아요.

관계대명사
the artist who lives in that house

=

현재분사
the artist living in that house

「~된 ○○」
허준에 의해 쓰여진 책

관계대명사
the book which is written by Heo Jun

=

과거분사
the book written by Heo Jun

관계대명사 총정리 노트

관계대명사

who, which, that, whose, whom 등 다섯 가지 관계대명사가 있으며, 예를 들어 '이것은 책이다' '나는 어제 이 책을 샀다'처럼 공통된 명사(여기서는 '책')를 포함한 두 문장을 하나로 합쳐주는 역할을 한다. 이때 공통된 명사를 '선행사'라고 하며, 관계대명사는 항상 선행사 뒤에 위치한다. 또한 관계대명사는 문장에서 어떤 역할을 하느냐에 따라 주격, 목적격, 소유격으로 나뉜다.

- **주격**······선행사가 뒤 문장의 주어(~은/는, ~이/가)가 되는 경우
- **목적격**······선행사가 뒤 문장의 목적어(~을/를)가 되는 경우
- **소유격**······선행사가 whose 뒤 명사를 소유하는 관계(~의)가 되는 경우

> **TIPS** 목적격 관계대명사인 whom은 지금은 거의 쓰이지 않는 고어체 표현이므로, 이 책에서는 따로 다루지 않는다.

관계대명사 만드는 방법

[예]
「이것은 1876년에 르누아르가 그린 그림이다.」
이를 두 개의 문장으로 나눌 수 있다.
① 「이것은 그림이다.」
② 「1876년에 르누아르가 그 그림을 그렸다.」

① This is a picture.
② Renoir painted the picture in 1876.

여기서 두 문장에서 공통되는 명사 picture를 기준으로, 이를 선행사로 삼아 하나의 문장으로 합칠 수 있다. 이때 선행사 picture는 '사물'이고, 뒤 문장에서 '목적어' 역할을 하므로 관계대명사는 which 또는 that이다.

This is the picture which Renoir painted in 1876.
> **TIPS** which 이하에서 이 그림이 어떤 그림인지 한정하고 있으므로, picture에 붙는 관사는 a → the로 바뀐다.

This is the picture that Renoir painted in 1876.

주격 관계대명사

선행사가 뒤 문장의 주어 역할을 할 때 쓰이며, 관계대명사 뒤에는 동사가 이어진다. 선행사와 관계대명사의 관계는 다음과 같다.

- 선행사가 '사람' → who 또는 that
- 선행사가 '사물·동물' → which 또는 that

He is the person who wrote the mystery story.
그가 그 추리소설을 쓴 사람이다.

The woman who lives next door is a TV personality.
옆집에 사는 여성은 방송인이다.

Do you know the shop which sells padlocks?
자물쇠 파는 가게를 아시나요?

The bus which goes to the station runs every 20 minutes.
역으로 가는 버스는 20분마다 운행됩니다.

I saw the lion that was sleeping under the tree during the safari tour.
나는 사파리 투어 중에 나무 밑에서 자고 있는 사자를 보았다.

My watch that stopped yesterday will be repaired by this Friday.
어제 멈춘 내 시계는 이번 주 금요일까지는 수리될 것이다.

목적격 관계대명사

선행사가 뒤 문장의 목적어 역할을 할 때 쓰이며, 관계대명사 뒤에는 명사(주어)가 이어진다. 선행사와 관계대명사의 관계는 다음과 같다.

- 선행사가 '사람'　　　　→ that
- 선행사가 '사물·동물'　→ which 또는 that

This is the lipstick which I bought at the duty-free shop in Honolulu.
이것은 내가 호놀룰루 면세점에서 산 립스틱이다.

The handkerchief which Sophia has lost was a gift for her father.
소피아가 잃어버린 손수건은 아버지께 드릴 선물이었다.

He is the man that I used to go out with.
그는 내가 예전에 사귀던 사람이다.

Paris is one of the most beautiful cities that I've ever visited.
파리는 내가 지금까지 방문한 가장 아름다운 도시 중 하나이다.

목적격 관계대명사 that은 생략이 가능하다.

The TV comedy show that I saw last night was so funny.
→ The TV comedy show I saw last night was so funny.
어젯밤에 본 TV 코미디 쇼는 정말 재미있었다.

소유격 관계대명사

선행사가 whose 뒤의 명사를 소유하는 관계(~의)가 된다.
사람, 사물, 동물 등 선행사의 종류에 상관없이 모두 whose를 사용한다.

I have a friend whose father is a doctor.
나는 아버지가 의사인 친구가 있다.

The only animal whose babies are born with horns is the giraffe.
뿔을 가지고 태어나는 유일한 동물은 기린이다.

주격·목적격·소유격 총정리

격	선행사	관계대명사	관계대명사 뒤
주격	사람	who / that	동사
	사물·동물	which / that	
목적격	사람	who(m) / that	명사
	사물·동물	which / that	
소유격	사람·사물·동물	whose	명사

관계대명사 → 분사 바꿔 쓰기

주격 관계대명사절은 분사 형태로 바꿔 명사를 수식할 수 있다. 두 표현은 의미는 같지만, 분사 표현은 간결하고 자연스러워 일상 회화나 비지니스 메일에서 자주 쓰이며, 반면 관계대명사절은 격식 있고 딱딱한 인상을 주기 때문에 논문이나 발표 등 공식적인 상황에서 선호된다.

「~하고 있는 ○○」
This is the condominium which belongs to a popular manga artist.
This is the condominium belonging to a popular manga artist.
이곳은 유명한 만화가가 소유하고 있는 아파트이다.

The man who is playing soccer over there is a K-League player.
The man playing soccer over there is a K-League player.
저쪽에서 축구를 하고 있는 남자는 K리그 선수이다.

「~된 ○○」
This is the best-selling novel which was written by a British writer.
This is the best-selling novel written by a British writer.
이것은 영국 작가가 쓴 베스트셀러 소설이다.

Anyone who is interested in Japanese animation can join our club.
Anyone interested in Japanese animation can join our club.
일본 애니메이션에 관심이 있는 사람이라면 누구나 우리 동아리에 가입할 수 있다.

Part
10

'이거 귀엽지 않아?'를 영어로 하면?

[간접의문문 · 부가의문문]

간접의문문 · 부가의문문

간접의문문이 뭐예요? 일반 의문문과 어떻게 다른 거예요?
저…
그러니까…
의문문의 어순을 바꿔서 문장의 한 성분으로 만든 것…이랄까요?
간접의문문은
사실 잘 모르겠어요…
음음…?
예를 들면 말이죠…
띠리링

※ 평서문은 주어가 먼저 나오고 마침표로 끝나는 일반적인 문장을 말한다.

어...
그러니까...

명사 덩어리가 되면...

의문문은 그대로 문장 속에 넣을 수 없지만, 명사 덩어리로 바꾸면

이렇게 문장 안에 자연스럽게 들어갈 수 있게 돼요.

그럼 좋은 점이 있는 건가요?

I know **where she lives**.

나는 그녀가 어디에 사는지 알고 있다.

의문사

when	where	what
who	which	why
how		

I know when Heidi will come back.
나는 하이디가 언제 돌아올지 알고 있다.

I know why Clara stood up.
나는 클라라가 왜 일어섰는지 알고 있다.

물론 어떤 의문사든 사용할 수 있어요.

참고로, 의문사 자체가 문장의 주어일 경우에는 '누가 케이크를 먹었니?' 같은 문장을

이것이 주어가 되고 있다
⇩
Who ate the cake?
누가

평서문 어순(S+V)으로 바꿔도 어순이 그대로 유지되기 때문에 형태가 같아 보여요.

Who ate the cake?
누가 케이크를 먹었니?

평서문 형태로
⇩

who ate the cake
　S　　V
누가 케이크를 먹었는지(라는 것)

⇩

I don't know who ate the cake.
나는 누가 케이크를 먹었는지 모른다.

[간접의문문·부가의문문] 211

이번에는

'의문사+평서문' 앞에 오는 주어와 동사 구조에 주목해 볼게요.

I know where she lives.

주어 + 동사 + 의문사 + 평서문 .

여기!!

〈 간접의문문에서 자주 쓰이는 동사 〉

know   알고 있다
tell   알리다, 알려 주다
learn   배우다, 알게 되다
wonder 이상하게 생각하다

간접의문문은 보통 이런 동사들과 함께 쓰여요.

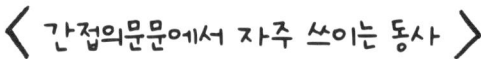
시제 일치

앞 문장이 과거형이면

뒤 문장도 과거형으로

I knew where she lived.
과거형   과거형

나는 그녀가 어디에 살았는지 알고 있었다.

그리고 앞 문장의 동사가 과거형일 경우, 뒤 문장도 시제에 맞춰 과거형으로 써야 해요.

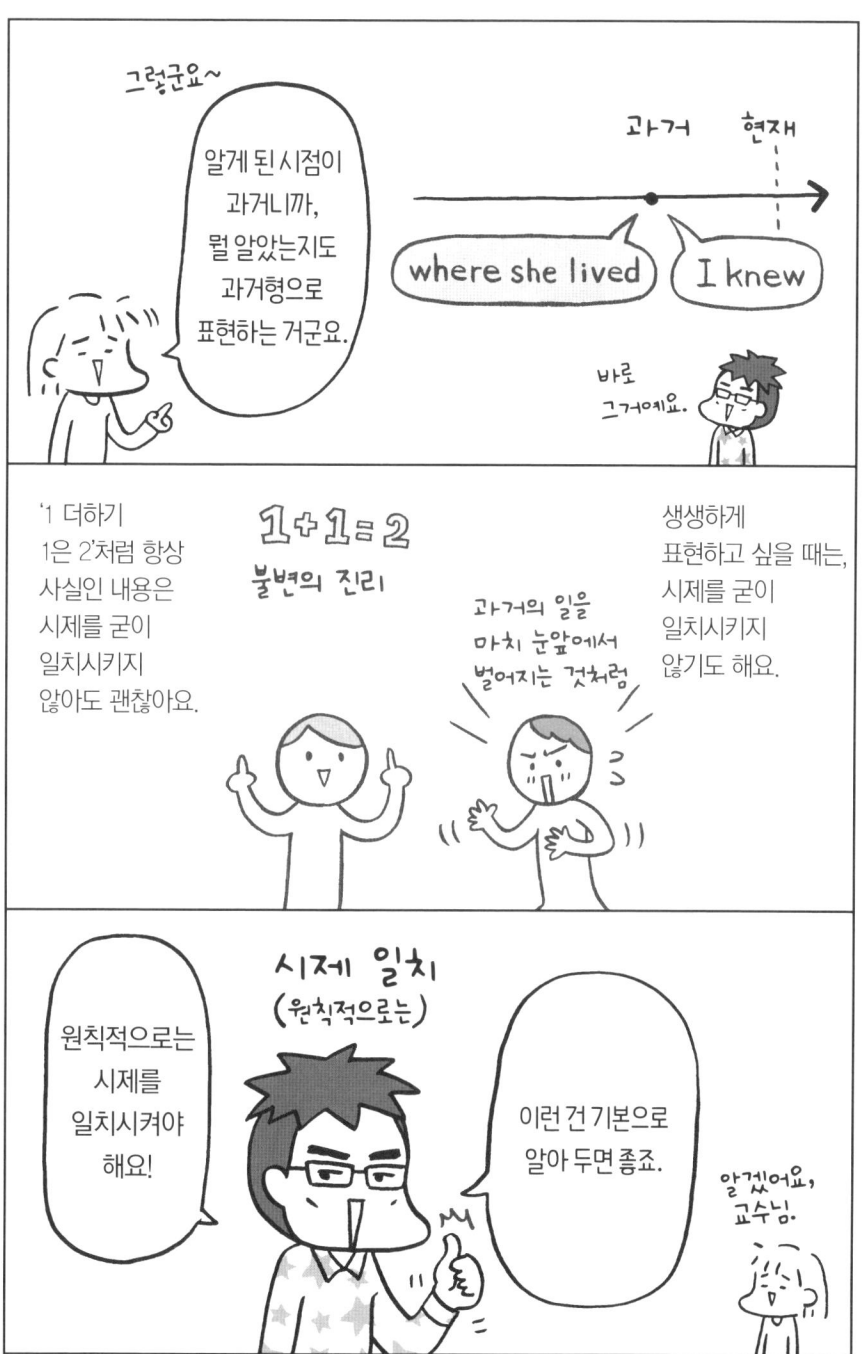

You are from Busan, aren't you?
당신은 부산 출신이시죠, 그렇지 않나요?

She looks very young, doesn't she?
그녀는 매우 젊어 보이네요, 그렇지 않나요?

아~ 이제 생각났어요! 맞아 맞아

앞 문장과 뒤 문장이 왜 반대 표현으로 나오는지 좀 이상하게 느껴졌거든요~ 이상해요~

공감을 구하는 건데, 왜 반대로 말할까 싶어서요.

지금 생각해도 역시 좀 이상한 느낌이에요!

부가의문문 만드는 방법만 알면 바로 이해돼요!

Snow White isn't cute. + Snow White is cute.
백설공주는 귀엽지 않다.   백설공주는 귀엽다.

↓

Snow White isn't cute, is she?
백설공주는 귀엽지 않죠, 그렇죠?

간접의문문 · 부가의문문 총정리 노트

간접의문문

의문사로 시작하는 의문문은 그 어순을 평서문(주어+동사) 형태로 바꾸어 명사 덩어리(명사절)로 만들 수 있으며, 이렇게 만든 명사 덩어리는 문장 속에 삽입되어 간접의문문을 만든다. 어떤 의문사 의문문이든 간접의문문으로 만들 수 있으며, 이때 자주 쓰이는 동사로는 know(알고 있다), tell(알리다, 알려 주다), learn(배우다, 알게 되다, 깨닫다), wonder(이상하게 생각하다) 등이 있다.

I wonder when I'll see him again.
나는 그를 언제 다시 보게 될지 궁금하다.

I learned where Tom was born and raised.
나는 톰이 어디서 태어나고 자랐는지 알게 되었다.

Could you tell me what time it is now?
지금 몇 시인지 알려주실 수 있나요?

Do you know who posted a comment to her blog?
누가 그녀의 블로그에 댓글을 남겼는지 아시나요?

Can you tell me which train I should take to Busan?
부산으로 가려면 어떤 기차를 타야 하는지 알려주실 수 있나요?

No one knows why she's crying.
그녀가 왜 울고 있는지 아무도 모른다.

You must tell me how you passed the audition.
너는 오디션에 어떻게 합격했는지 반드시 말해 주어야 한다.

시제 일치

간접의문문이나 that절이 포함된 문장에서는, 원칙적으로 앞 문장의 동사 시제에 맞춰 의문사 (또는 that) 뒤에 오는 동사의 시제도 일치시킨다. 단, 실제 회화에서는 이 원칙이 예외적으로 적용되지 않는 경우도 있다.

Do you know who comes first?
누가 먼저 오는지 아니?

I wondered why you got angry.
나는 네가 왜 화가 났는지 궁금했다.

I knew (that) he was busy.
나는 그가 바빴다는 것을 알고 있었다.

[예외]

We learned how the earth moves round the sun in my science class.
우리는 과학 시간에 지구가 어떻게 태양 주위를 도는지 배웠다.
TIPS 변함 없는 사실을 말할 때는 의문사 뒤의 동사는 항상 현재형을 쓴다.

I heard (that) he is a sensitive person.
나는 그가 예민한 사람이라고 들었다.
TIPS 앞 절의 시제가 과거이더라도, 그 내용이 현재에도 여전히 사실이거나 변하지 않는 사실이라면, that절이나 간접의문문 속에서는 현재형을 쓸 수 있다.

부가의문문

부가의문문은 말한 내용에 대해 상대방의 동의나 공감, 확인을 구할 때 쓰는 표현이다. 긍정문에는 부정 의문문을, 부정문에는 긍정 의문문을 붙여서 만든다.

The weather forecast was off, wasn't it?
일기예보가 틀렸죠, 그렇죠?

Jane is so mean, isn't she?
제인은 정말 못됐죠, 그렇죠?

She looks better in pictures, doesn't she?
그녀는 사진이 더 잘 나오죠, 그렇죠?

You skipped class yesterday, didn't you?
너 어제 수업 빼먹었지, 그렇지?

Looks aren't everything, are they?
외모가 전부는 아니잖아요, 그렇죠?

You weren't wearing glasses, were you?
너 안경 안 썼었지, 그렇지?

You don't like soba noodles, do you?
너 메밀국수 안 좋아하지, 그렇지?

Kavin doesn't talk much, does he?
케빈은 말수가 적지, 그렇지?

학교에서 배운 영어는 실생활에 사용할 수 있을까?

'학교에서 배운 영어는 실생활에 사용할 수 있나요?'라는 질문을 자주 받습니다. 결론부터 말씀드리면, 충분히 사용할 수 있습니다.

전작 『만화로 술술 읽으며 다시 배우는 중학 영문법 입문편』과 이번 『만화로 술술 읽으며 다시 배우는 중학 영문법 마스터편』을 집필하면서, 중학교 영어 교과서들을 꼼꼼히 분석해 보았습니다.

그 결과 알게 된 사실은, 교과서 속 영어 문장들이 구조적으로 매우 잘 짜여 있으며, 문화적·지역적 편향 없이, 구어체와 문어체 사이의 균형도 잘 갖추고 있다는 점이었습니다.

즉, 교과서 영어는 어느 나라, 누구와도 통할 수 있는 실용적인 표현들로 구성되어 있으며, 실제 생활에서 사용하기에 매우 적합한 영어라고 할 수 있습니다.

참고로, 일상 영어의 실제 사용 양상을 알아보기 위해, 미국 영화 12편을 코퍼스(언어 자료 데이터베이스)를 분석하여 자주 쓰이는 동사 Top 5를 조사한 결과는 다음과 같습니다.

1위 : have, 2위 : get, 3위 : know, 4위 : do, 5위 : go

또한 살아있는 영어의 데이터베이스로 알려진 BNC(British National Corpus)를 기반으로 한 유사한 조사에서도 결과는 다음과 같습니다.

1위 : have, 2위 : do, 3위 : say, 4위 : go, 5위 : get

비록 약간의 차이는 있지만, 두 조사에서 공통적으로 상위에 오른 동사들은 중학교 영어 교과서에서 배우는 기초 단어들입니다. 이 사실만으로도, 학교에서 배운 영어가 실제 생활에서 얼마나 자주 사용되는지를 잘 보여줍니다.

에필로그

후기

이 책은 『만화로 술술 읽으며 다시 배우는 중학 영문법 입문편』의 속편으로, 중2·중3 수준의 문법을 다루고 있습니다. 콘셉트는 전작과 마찬가지로, 영어가 가진 '감각'에 초점을 맞춰 "그 부분을 그냥 지나치지 않고 좀 더 자세히 설명해 줬다면", "거기서 걸려 넘어져서 끝내 이해하지 못했다"는 지점들을 만화를 통해 자연스럽게 풀어낸 것입니다.

만화를 맡은 공저자 후쿠치 마미 님은, 필자의 설명을 정확히 이해하고 이를 바탕으로 구성과 스토리를 완성해 주셨습니다. 그분의 독특한 착안점과 발상력에는 언제나 감탄을 금치 못했습니다.

또한 출판사의 편집자 분은, 누락이나 오해가 없도록 세심하게 정보 정리에 힘써 주셨고, 편집 작업 전반에 있어 늘 최선을 다해 주셨습니다. 두 분의 진심 어린 노력이 없었다면 이 책은 이 세상에 나오지 못했을지도 모릅니다. 이 자리를 빌려 다시 한번 깊이 감사드립니다.

그리고 동료 대학 교수이신 언더우드 교수님(영국), 블랙 교수님(미국)께도 전작 때와 마찬가지로 골치 아픈 질문에까지 늘 성심껏 답변해 주셨습니다. 정말 감사드립니다.

마지막으로, 이 책을 통해 여러분의 영문법에 대한 '암기뿐이고, 지루하고, 재미없는' 이미지가 '확실한 이치가 있고, 대화에 꼭 필요하며, 재미있는' 것으로 조금이라도 바뀌길 진심으로 바랍니다.

2025년 7월 다카하시 모토하루

후기

'혹시 영어는 재미있을지도 몰라……' 전작을 거치며 그런 생각을 하게 되었지만, 이번 범위인 중2·중3의 영문법은 to부정사·분사·현재완료·관계대명사 등, 이름만 들어도 두려워지는 강적들이 즐비합니다. '어떡해… 무슨 말인지 전혀 모르겠어…' 이렇게 생각한, 막막하기만 했던 중학교 때의 기억이 되살아났습니다.

그러나 막상 다시 배워보니 생각했던 것만큼 '전혀 이해할 수 없는 강적'은 아니었습니다.
그 이유 중 하나는 다카하시 모토하루 교수님께서 영어가 가진 감각에 초점을 맞춰 '왜 그렇게 되는지'를 차근차근 가르쳐 주셨기 때문이지요. 또 다른 하나는 이해할 수 있을 때까지 멈춰 서서 내 페이스대로 배울 수 있었기 때문이라고 생각합니다.

지금 영어를 접하는 것이 즐거워지고 있다는 사실에 가장 놀라고 있는 사람은 저입니다.
어쩌면 저는 영어 자체가 싫었던 것이 아니라, 당시의 '한정된 시간 속에서 점점 더 배워나가야만 하는 상황'에 기가 죽어 있었던 것일지도 모릅니다.

다시 배우기 시작했을 무렵에는 비록 짧더라도 영어 문장을 만드는 것은 생각할 수도 없는 상황이었습니다. 그렇기 때문에 에필로그에서 서툴지만 제 마음을 영어로 적은 것은 저에게 크나큰 자신감이 되었습니다.
그렇게 되기까지 수많은 '원래 그렇지만……'이라는 저의 의문에 끈기 있게

마주하며, 그럼에도 불구하고 진심으로 즐겁게 가르쳐 주셨던 다카하시 교수님. 교수님의 가르침 덕분에 앞으로 나아갈 강한 힘을 얻었습니다. 정말 감사합니다.

그리고 항상 독자의 시점에서 지도해 주신 출판사의 담당 편집자와 이번에도 함께 서로 신뢰하면서 책을 만들 수 있었던 건 더할 나위 없이 큰 기쁨이었습니다.

마지막으로 이 책을 선택해 주신 여러분께 진심으로 감사의 말씀을 드립니다. 이 책을 만들면서 제가 느꼈던 영어에 대한 재미를 여러분도 오롯이 느끼실 수 있다면 좋겠습니다.

2025년 7월 후쿠치 마미

Special thanks ☆
to

참고 문헌

Christophersen, P., and A.O. Sandved. (1969) *An Advanced English Grammar* London: Macmillan.
Fenn, P. (1987) *A Semantic and Pragmatic Examination of the English Perfect* Tübingen: Gunter Narr Verlag.
King, L. D. (1983)" The Semantics of Tense, Orientation, and Aspect in English" *Lingua* 59, 101-154.
Leech, G. (1971) *Meaning and English Verb*. London: Longman.
Leech, G. et al. (2001) *An A-Z of English Grammar & Usage*. Harlow: Pearson Educational Limited
Longman Grammar of Spoken and Written English. Harlow: Pearson Educational Limited. (2007).
Murphy, R. (1994) *English Grammar in Use*. (2nd ed.) Cambridge: Cambridge University Press
Murphy, R. (2009) *Grammar in Use Intermediate with Answers*. (3rd ed.) Cambridge: Cambridge University Press
Palmer, F. R. (1987) *The English Verb*. (2nd.) London: Longman
Quirk, R. et al. (1985) *A Comprehensive Grammar of the English Language*. London: Longman

옮긴이 김의정

한국외국어대학교 서울캠퍼스에서 일본어와 영어를 이중 전공으로 공부했다. 약 10년간 대교, 천재교육 등 교육 출판사에서 영어 교과서 및 영어 교재를 개발하고, 편집했으며, 영어 교육용 디지털 콘텐츠도 개발했다. 현재는 프리랜서 번역가이자 출판 편집자로 활동 중이다. 업무상 참고용으로 영어 교육 관련 일본어 도서를 번역했으며, 일본 도서전 현장 출장 및 통역 등 다양한 실무 경험도 보유하고 있다. 영어 교육과 일본어에 관한 지식 및 관련 경험을 바탕으로 해당 도서를 번역하고 편집하게 되었다.

만화로 술술 읽으며 다시 배우는
중학 영문법 마스터편

초판 1쇄 인쇄 2025년 7월 1일
초판 1쇄 발행 2025년 7월 25일

지은이	다카하시 모토하루
일러스트	후쿠치 마미
옮긴이	김의정
마케팅	㈜더북앤컴퍼니
펴낸곳	도서출판 THE북
출판등록	2019년 2월 15일 제2019-000021호
주소	서울특별시 영등포구 양평로12가길 14 310호
전화	02-2069-0116
이메일	thebookncompany@gmail.com
ISBN	979-11-990195-9-1 (13740)

- 책값은 뒤표지에 있습니다.
- 잘못 만들어진 책은 구입하신 곳에서 교환해 드립니다.

MANGA DE OSARAI CHUGAKU EIGO EIBUMPO MASTER HEN
© Mami Fukuchi & Motoharu Takahashi 2016
First published in Japan in 2016 by KADOKAWA CORPORATION, Tokyo.
Korean translation rights arranged with KADOKAWA CORPORATION, Tokyo through JM Contents Agency Co., SEOUL.

이 책의 한국어판 저작권은 저작권자와의 독점 계약으로 도서출판 THE북에 있습니다.
저작권법에 의해 한국 내에서 보호를 받는 저작물이므로 무단 전재와 복제를 금합니다.